福澤諭吉とフリーラヴ

西澤直子
Naoko Nishizawa

慶應義塾大学出版会

はじめに

福澤諭吉は、文明の進歩とともに家族の形も変化すると考えていた。

晩年の著作『福翁百話』（明治三〇年　一八九七年）のなかで、夫婦は愛情によって結ばれるものであるから、その究極の姿は「フリーラヴ」「自由愛情論」であろうと述べている。フリーラヴの世界では、人びとは常に自らの愛情とともにある。愛が生じればともに過ごし、愛が尽きれば別れ、また別の愛を求める。しかし、それは文明が進歩した先の姿であって、近代化をめざす明治時代の日本においては、その現状に適した夫婦、そして家族の形があるという。[1] それは、どのような姿であったのか。

明治政府は、教育や納税、兵役等の新しい国家体制を築く際に、国民を把握する有効な単位として「家族」を利用した。江戸時代の「家」は階級性や地域性を持ち多様であったが、明治政府は近代国家として、全ての人びとを国民として把握する必要があった。さらに女性に対し、従順で自己犠牲を厭わないことが日本女性の美徳であると教え、天皇の臣民としての強い意識をもった次世代を育てることを課そうとした。そのためには、いかなる家族が有効であったのか。

福澤は明治維新の変革において、国民主体の国家を作るために、すべての始まりを「一身独立」に求めた。「他人の智恵」によらず「他人の財」にもよらない。近代社会は権力者から与えられるものではなく、独立した個々人が交際を通じて、主体的に形成するものでなければならなかった。そこで主体となるのは男性のみではなく、女性もまた男性と対等であり、ともに「一身独立」すべき存在であった。

そして近代化を推進し「一身独立」を「一国独立」へとつなげるうえで、家族は精神的にも経済的にも重要な役割を果たす、すなわち「一身独立」を補完し、「一国独立」の基礎となるものと考えていた。しかし、個人の集合である家族に「一家」としての機能を付与するならば、それは同時に「一身」と「一家」の間に矛盾を生む危険性がある。福澤は簡単に「人の苦楽」は「家の苦楽」であるといい、一人の喜びや苦しみは、家族全体の喜びや苦しみになるというが、現実はそれほど単純ではない。[2] フリーラヴの議論に現れているように、感情は変化するものであるのに、感情によって結びつく家族を不変のものと考えるのは、明らかな矛盾である。福澤は個人の感情と家族の機能の両方を重視しようとし、東京女子高等師範学校教授の吉田熊次は、その曖昧さを指摘する。[3] 福澤の説く女性論は、「一身」における男女平等を明解に主張し旗幟鮮明であったが、家族という視点が加わると、女性が既婚と未婚に二分化され曖昧になる。

家族とは何か。家族は心に安らぎを覚える温かさと、家族だからと我慢を強いる圧力の両方を持っている。家族には払拭しがたい二つの側面がある。本書では、福澤諭吉が近代化過程のなかで、家族をどのような集まりとして捉え、そこにどのような機能を期待したのかを見ることによって、近代家族像が持つ一面を明らかにしたい。

本書は、第一章でまず、福澤が『西洋事情　外編』を執筆するにあたり、西洋の家族についてどのように理解し、江戸時代における日本の「家」との差異を認識したのかについて考察し、彼がなぜ「一家」について論じるのか、その近代化構想のなかに「一家」をどのように位置づけたのかについて考える。第二章では、明治政府による統治体制や教育への儒教主義の導入、また彼が先導者として期待した士族や地方名望家層の様相から、彼が提唱した「一身」と「一国」の間に介在する「一家」の姿が、どのような主張となって展開していったのかについて考える。さらに第三章では、福澤が「一家」に与えた近代化における役割について、公徳を形成するための私徳の涵養、法的な容認による家産の成立、家業を行う経済的な単位の各側面から考察する。第二章および第三章から、彼の近代家族像が持つ二面性、すなわち感情の有無に紐帯を求めた個人の集合体としての家族と、個々人が一体化し、集団として、個々人から離れて独立した機能を持つようになった家族という二つの面を明らかにしたい。

第四章第五章では、福澤が女性の地位向上を目的として行った「人間交際」によるネットワークの形成や、社会教育を重視した女子教育が、家族論からみれば結局は、彼の意図とは反対の効果を生んだと考えられることについて考察する。

最終章の第六章では、第五章までのまとめとして、「一身独立」を出発点とし、「一家独立」「一国独立」を経て「天下も独立」するはずであった彼の近代化構想が、家族論に内在した問題点によって、「一身独立」が「一家」に内包されていく可能性を指摘し、日本の近代化が抱えた問題点について考える。

目次

凡例

一、福澤諭吉の著作は、原則として『福澤諭吉著作集』(全一二巻、慶應義塾大学出版会、二〇〇二～二〇〇三年、以下『著作集』)を底本とした。『著作集』未収録分は、『福澤諭吉全集』(全二一巻、岩波書店、一九五八～一九六四年。再版は全二一巻・別巻、岩波書店、一九六九～一九七一年、以下『全集』)もしくは『福澤諭吉選集』(全一四巻、岩波書店、一九八〇～一九八一年、以下『選集』)から引用した。

二、福澤諭吉発信の書簡は、『福澤諭吉書簡集』(全九巻、岩波書店、二〇〇一～二〇〇三年、以下『書簡集』)から引用した。

三、活字化されていない資料については、『マイクロフィルム版福澤関係文書』(全二四〇リール、雄松堂出版、一九八九～一九九八年、以下『福澤関係文書』)を参照した。

四、漢字は読みやすさを優先して、旧字体あるいは異体字は使用せず、通行体に改めた。ただし、慶應義塾、福澤は「慶應義塾」「福澤」の表記で統一した。また合字、変体仮名は、現在の仮名に改めた。ゆえに『書簡集』『全集』とは異同が生じている。

五、原本もしくは底本に句読点がある場合は、それを優先し、ない場合は適宜補った。また〔　〕内は筆者による注記である。

六、本文は和暦を原則とし、必要に応じて西暦を補った。

七、新聞は発行年月日による表記を原則とし、雑誌は号数を表記し、必要に応じて年月日を示す。

八、ルビや傍点については、必要と思われるものを除き、原則としてこれを省いた。

九、複数の史料を列挙した場合は、文頭に＊を付した。

一〇、特にことわりのない図版はすべて、慶應義塾福澤研究センターの所蔵である。

福澤諭吉とフリーラヴ

第一章　福澤諭吉の近代化構想と家族

一、西洋の家族と日本の「家」

（一）『西洋事情』に描かれた家族

福澤諭吉が社会の一単位として、家族について考えるようになったのは、いつからなのであろうか。慶応四（一八六八）年に刊行した『西洋事情　外編』の中で、彼は西洋の家族について次のように記している。

人間の交際は家族を以て本とす。男女室に居るは人の大倫なり。子生れて弱冠に至るまで、父母の膝下に居てその養育を受るも亦普通の大法なり。斯の如く夫婦親子団欒一家に居るものを家族と云う。凡そ世間に人情の厚くして交の睦きは家族に若くものなし。[1]

人と人との交際、それによって形成される社会は、家族が基本となる。まず男女が結婚し、のちに子どもが生まれ、成年に達するまで親元で育つ。夫婦親子が団欒し一家にあるものを「家族」といい、この世の中で家族ほど、人情が厚く仲睦まじい存在はない。

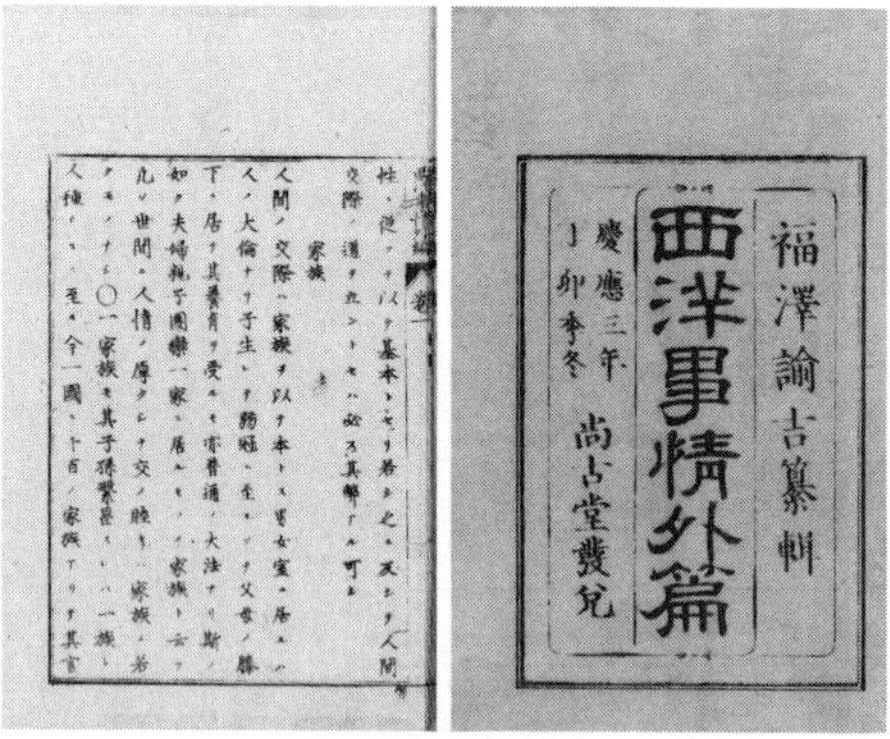

『西洋事情』外編

『西洋事情』は、安政七（一八六〇）年、文久二（一八六二）年と二度の海外渡航を経験した福澤が、人びとに「各国の政治風俗」を伝えようと、アメリカやイギリスで刊行された歴史地理誌をもとに、西洋各国の史記や政治、陸海軍、銭貨出納について記述し、慶応二（一八六六）年に刊行した初編三冊に始まる。当初彼は、さらに国別の記述を進めようと計画していた。しかし、一八五二年にエディンバラで刊行された、ジョン・ヒル・バートン John Hill Burton の『政治経済学　学校用および独学のために』*Political Economy for Use in Schools, and for Private Instruction* を手に入れ、考えを改めた。『政治経済学』は、三度目の海外渡航となった慶応三年の渡米の際、慶應義塾を近代的な学塾とするために購入した大量の教科書のうちの一冊と想像される。彼は同書を読み、人びとがまだ西洋をよく知らないうちに、各国の詳細を紹介したところで、それは「柱礎屋壁の構成」を知らずに家の細部を「検視」するようなものであると考えた。まずは「柱礎屋壁の構成」を理解することが重要である。[2] そのため、バートンの著作の主に社会経済学を論じた部分を翻訳して、西洋における人間や交際、政府、教育、経済などの概要をまとめ、『西洋事情外編』として刊行した。冒頭「人間」に続いて設けられたのが、「家族」の項目であった。彼は「家族」を西洋の「柱礎屋壁の構成」を理解する要件のひとつと考えたといえる。彼は夫婦について、次のように述べる。

夫婦の配偶は人の幸を増し人の交を厚くするものなり。固より天の然らしむる所にて人力に非ず。鳥獣の類、子を生むときは、自から一時の配偶を定て共にその子を養うと雖ども、之を養て既に成長すれば、則ちその配偶を破て、更に雌雄牝牡の定なし。人の子は初生の際、殊に薄弱にして、その成長するも亦甚だ晩し。この時に当て父母、力を共にし心を同うして之を養育煦哺するは即ち人の至情なり。且その子の薄弱にして成長の晩きは、造物主の故さらに意を用て、人の配偶を固するの深旨なるべし。[3]

夫婦になることは人の幸福を増し、人の交際を豊かにするものである。それは「天」によるものであり、人間の力によるものではない。動物は子どもを儲ける際に一時的に夫婦になっても、子どもの成長が早いので関係はすぐに解消される。しかし人間の子は薄弱に生まれ、かつ成長が遅いので、それだけ夫婦は協力し「心を同」じにして育てなければならず、配偶関係が強固になる。

『西洋事情　外編』のこの部分は、アルバート・クレイグ氏の分析によれば、前掲バートンの著作の次の部分を用いている。

> 結婚生活は明らかに幸福をもたらし、社会の利益にもつながる。下等な動物は、生まれてすぐ両親からは独立して生きていけるから、夫婦になることはない。子が弱々しい状態でこの世に誕生し、両親の世話を必要とするところでは、一時的であるにしろ、夫婦の関係が生じる。それ故、夫婦の関係は明らかに自然の命令、あるいは神の指示であり、それと対立するもの〔人間〕の工夫ではないように思われる。[4]

ここで着目すべきは、福澤が結婚を「固より天の然らしむる所にて人力に非ず」とする点である。クレイグ氏によれば、バートンの「自然の命令、あるいは神の指示」という表現は、そのいずれかという意味ではなく両方であり、並列することによって「結婚生活の肯定的な意味を強調」しようとするものであった。しかし福澤はその二重の意味を放棄して、「天の然らしむる所」と表現し、また「それと対立するもの〔人間〕の工夫ではなく」の語句の意味を「完全に理解」し「人力に非ず」と表現したという。[5]すなわち福澤は、夫婦の配偶を決めるのは「天」の力によって人びとのなかに生じる感情であって、それは「人力」によって左右できるものではないと理解したのである。バートンはまた、家族は決して互いに争う気持ちにはならず、「神聖な愛情と優しさが光り輝きあたかも来世における人間のより幸せな状態」であるという。[6]福澤は、西洋の家族が互いに争うことがなく、世の中で最も情が厚く仲睦まじいのは、それが人為的に作られた関係ではなく、自然な感情に基づくものであるからと捉えた。彼がバートンの描く家族像を、西洋における真実の姿であると信じたか否かはわからない。しかし少なくとも、西洋における家族の定義として人びとに伝えるべきものであると考えたのは事実である。

このような西洋における家族は、彼の知る限り日本の家族とは大きく異なるものであった。家族は、人間が最初に他の個体を意識する最小の社会的単位である。彼は『西洋事情　外編』のなかで、文明を作り出すものは人間であり、人間が「義気を守り廉節を知り」「交際の道を全す」ることにより、「文明開化に赴く」と述べている。[7]家族の差異に、文明のひとつの指標を見たのである。

(二) 江戸時代の「家」——福澤家を事例に

それでは西洋に対し、日本における家族は、どのように認識できるものであったのか。

江戸時代の家族の実態は、封建制度のもとで階層差や地域差が大きく、普遍化することは難しい。江戸時代に入り大家族経営といわれていた農家等に変化が生じ、下男・下女が年季奉公や日雇い稼ぎとして労働に従事するようになって、主従関係が薄れ「日常的には少人数の家族が中心」となっていった。長島淳子氏によれば、一〇人前後であった家族の人数は、一七世紀には六〜七人、一八〜九世紀には四〜五人がめやすとなった。[8]

一方で生産力の増大を背景に、近世には「家業・家名・家産を一体として代々継承する社会的単位」としての「家」が、全ての階層において成立したといわれる。「家」の安定的な継承が図られ、父系男子による長子単独相続が原則化し、特に一八世紀以降強い「家」意識が形成されていった。[9]徳川幕府や各藩は、その「家」に序列をつけて幕藩体制下に秩序建て、また村という共同体で包括して人びとを管理した。家族は、その「家」を維持継続するための要員であった。実際に福澤諭吉の例を見よう。彼は次男に生まれたため、当初福澤家を継ぐことができなかった。そこで、父百助の弟である中村術平の「家」に養子に入った。安政二（一八五五）年に大坂で緒方洪庵の適塾に入門した際の記録には、中村諭吉と記されている。百助には弟が二人いて、長男である百助が福澤家を継ぎ、次男術平は中村家、三男群平は東条家の養子となった。これらの養子縁組は、ほぼ同じような家禄、家格間で行われている。

福澤家は、下士階級のなかでも最も身分が低い小役人格で、家禄は一三石二人扶持であった。中津藩には大身を筆頭に大身並、寄合、供番、家中、小姓（以上上士）、中小姓、供小姓、小役人（下士）、組外、組、帯刀（卒）の身分があり、安政初年かと思われる分限帳では、筆頭は二六〇〇石取の大身で、下士で最も低い小役人は籾六石五斗から一三石程度である。[10]父百助は謹厳実直で藩からの信頼が厚く、身分は小役人から、最後は下士階級では一番上位の中小姓（当時厩格）となった。しかし天保七年に歿したとき、相続した諭吉の兄三之助はわずか一一歳であったので、供小姓へと格下げになっている。禄高一三石二人扶持のうち、扶持米は本来いわば本給に加えて手当として支給されるものであったが、次第に区別は薄れ、合わせて家禄として継承された。一三石は籾高で、中津藩の「御切米割合帳」によれば米一八俵六斗になり、それは実質七石八斗でしかなく、さらに藩財政の危機から、天保一〇（一八三九）年以降「御借上」と称して、家禄を支給する前に藩が一割から多いときには二割五分も差し引いてしまうので、手取分は五石強程度のことも多かった[11]。それではとても生活が成り立たず、『福翁自伝』によれば、手先が元来器用な彼は内職をして家計を助けた。

安政三年、兄三之助が三〇歳の若さで歿すると、今度は福澤家の継承者がいなくなった。福澤家は家格も低く微禄で、大きな遺産がある訳ではなく、むしろ借財があった[12]。しかし微禄であっても、その禄は福澤の「家」に付いたものであり、祖先祭祀という重要な役割もあった。諭吉は中村家を離れて福澤家に戻って相続し、中村家はさらに東条家から諭吉のいとこにあたる、次男の正五郎を養子にとった。幕末には、このように養子を繰り返してでも、「家」は継承すべきものとして確立していた。「家」の持つ継承性は、福澤家クラスの下士階級であっても、その名前に端的に表れている。老舗や伝統芸能などに残る世襲名のように、たとえば福澤百助の妹律は渡辺弥市と結婚するが、子どもも「やいち」（主に弥一）であり、百助弟群平の子も「ぐんぺい」（主に軍平）である[13]。

残存する書簡から判明する百助の友人も、百助長女の夫も同姓同名の小田部武右衛門で、これも同一人物ではなく親子と考えるのが自然であろう。

江戸時代には、世代を超えて継承されていく「家」が制度化されていった。人びとは既存の「家」に属する存在として生まれ、その「家」を継承すべき存在になり得ない場合は、結婚や養子縁組によって他の「家」に所属が替わった。福澤は武士の例であるが、前述のように近世は、全階層において「家」の形成を見たといわれ、農村の場合は、宗門人別改帳の筆頭者（名前人）が「家」の相続者となった。筆頭者は「家」を代表して、寄合や入札に参加して村役人を選定するなど、村落自治に関わった。すなわち「家」がひとつの組織として、意志を持つと擬制されたといえよう。商工においても、家業と家名、家産が一体となって相続されることで、安定した経営が図られ、また安定した経営のために「家」としての意識が強まっていくといえる。

このような「家」の継承においては、何が重視されていたのか。封建体制の下では、身分制度の維持が大前提であり、相続者が実子である必要はないが、養子の場合には同程度の家格が望まれた。そのため、福澤の例で見たようにまずは血縁者に候補を求めることが多かったが、そもそも同程度の家格の者は、それ程数があるわけではない。一〇万石の中津藩を見ても、先にも引用した福澤三之助の名前が掲載されている安政頃のものと推測される分限帳で、最も下の家格である小役人までの記載者が五三〇名、組外や中間層を含めても六八八名で、その中で同程度の家禄、家格同士の縁組を求めるため、時に特定の家と養子縁組が繰り返されることになった。福澤家も飯田家と幾重にも行き来があり、中津明蓮寺にある墓石は「先祖代々墓」とあって、右側面に「飯田氏」左側面に「福沢氏」と彫られている。

また結婚に際しても「家」の格が重視された。家格差のある結婚は、やはり封建制度の根幹となる身分制度を揺るがすものとして許されていなかった。彼は明治一〇年に執筆した「旧藩情」に、

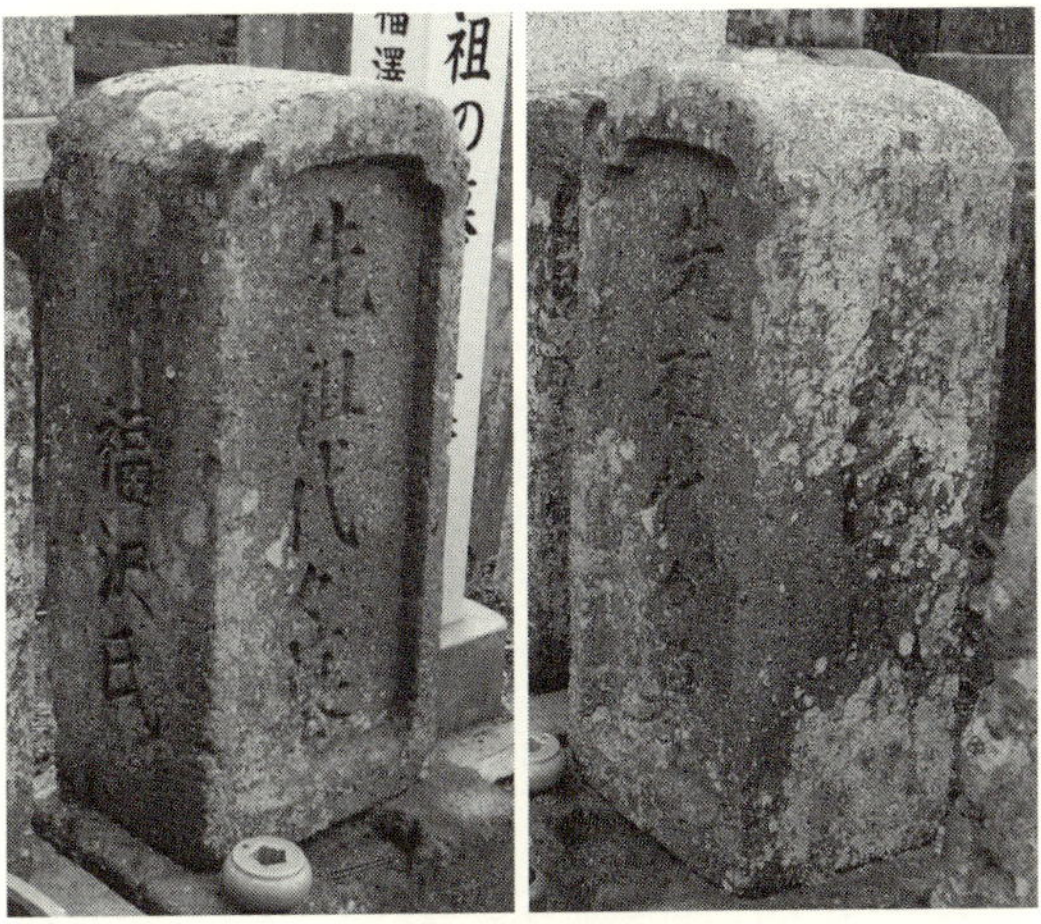
明蓮寺福澤家の墓

中津藩の婚姻関係におけに関する厳しい制限について記している。[14] 天保三（一八三二）年から九年にかけては、縁辺事件と呼ばれる家格差のある婚姻をめぐる争いが起き、その際も家格差は許されない方向で決着がついていた。[15] そうなると狭い通婚圏となるので、諭吉の兄三之助が従妹のとし（年）と結婚しているように、いとこ同士やはとこ同士の結婚もまま見られる。江戸定府の上士階級になるとさらに人数が少なく、藩内で同程度の家格の相手を探すことがむずかしくなり、むしろ他藩士との婚姻も多かったようである。諭吉の妻きん（錦）の母は淀藩士の娘であり、祖母は小倉藩士の娘であった。[16]

こうした事象からわかることは、江戸時代におけ

る「家」は、定められた秩序のもとに継承される社会の構成単位であり、そこに「家」意識ではない個人の感情による紐帯は存在せず、「人力」によって作り出された「工夫」によって維持されるものであった。「赤蝦夷風説考」を著し、交易や蝦夷地経営を説いた仙台藩医で経世家工藤平助の娘である只野真葛は、著作「独考」のなかで、次のように述べている。

ヲロシヤ国のさだめには、うらやましくぞおもわるゝ……めあはせんとおもふ男女を寺にともなひゆきて、先男を方丈のもとによびて、「あれなる女を其方一生つれそふ妻ぞと定めんや、もしおもふ所有や」と問時に、男のこたへを聞ていなやをさだめて、又女をもよびて前のごとく問あきらめて、同じ心なれば夫婦となす。さて外心あらば、男女ともに重罪なりとぞ……〔女も〕多人を見せしめ、其中に心のあいし人を妹背とさだむとなん。[17]

結婚が「家」の継承を目的とする関係である日本と異なり、ロシアでは男女が教会で聖職者を前に「一生つれそう妻とするか、夫とするか」をそれぞれに尋ね、「同じ心」であれば夫婦となる。裏切れば男女ともに重罪であり、女性も多くの男性のなかから「心のあいし人」を夫と定めることができる。それを「うらやましく」思うというのである。

ただそれでは江戸時代には男性に対する女性の意思は、まったく存在しないかといえば、それも真実ではない。多くの世話物が男女の色恋を描き出し、曽根ひろみ氏の研究によれば、村落社会に存在した若者組による性や婚姻統制に背き、自らの意思によって「無法恋慕」と呼ばれる他村の若者との関係を結ぶ女性たちもあった。[18]

また何より福澤自身は、供小姓一三石二人扶持という下士階級でありながら、禄高二五〇石役料五〇石で、江戸定府の上士階級土岐太郎八の次女錦と結婚した。この家格差のある結婚が容認された理由は、現在のところわからない。藩の事情からすれば、福澤の希望であるとは考えにくい。万延、文久と時代が下るにつれ、政治情勢が不安定になり、土岐側が結婚相手に幕末という時代を生き抜く才覚を求め、強く望んだのかもしれない。しかし、いずれにしろ福澤のような例外の事例にしても、西洋において互いに争うことない最も情が厚く仲睦まじい関係を作り出す感情とは、異なるものによることは明らかであろう。日本において家族は、「天の然らしむる所」の感情によって結ばれ、争いの存在しない関係と認識されるものではなく、秩序だてられた「家」を継承するために、「人力」によって形成された集団であった。

二、近代への道程

(一) 一身独立から一家独立、一国独立へ

明治維新を迎えて福澤は、新しい国家の形成を「一身独立して一家独立し、一家独立して一国独

立し、一国独立して天下も独立すべし」（「中津留別の書」）と構想した。すなわち近代は、「一身」の独立を基礎として、「一身」の独立が「一家」の独立をもたらし、「一家」の独立が「真の大日本国」なる「一国」の独立につながり、さらに「天下」が独立するという主張である。[19]

明治維新の変革は、個人と国家の関係を完全に変えるはずのものであった。福澤は明治八（一八七五）年に執筆した『文明論之概略』のなかで、当時の状況について「恰も一身にして二生を経るが如く、一人にして両身あるが如」きという。[20] 一つの身で二つの人生を生きている、一人で二つの身を持っているような、それほど大きな変革を体験しているというのである。その差異とは何か。

明治に至るまでの封建体制下では、人びとは支配される対象でしかなかった。為政者は「由らしむべし、知らしむべからず」と人びとをいかに従わせるかを考え、政権担当者である幕府は常に正しいという立場に立って、人びとに政策の受容を強いた。それが慶応四年三月に告示された五箇条の誓文では、「広ク会議ヲ興シ万機公論ニ決スヘシ」と、会議を開き「万機」すなわち国の政治は「公論」によって決することが宣言された。さらに「官武一途庶民ニ至ル迄各其志ヲ遂ケ人心ヲシテ倦マサラシメンコトヲ要ス」と、公家と武士が一体となって「庶民」に至るまで、各々の意志を遂げることができるようにすると約束された。この新しい時代を迎えて福澤は、人びとこそ国家の主体になるべきであると考えた。人びととは、客体として為政者によってただ統治されていた時代に戻ることなく、自らの手で主体として国家を形成すべきである。そのための第一条件は、人びとの「一身独立」であった。

一身独立し、一家独立し、一国独立し、天下も独立すると並べば、当時の多くの人びとは『大学』の「修身斉家治国平天下」という言葉を思い浮かべたであろう。福澤は、すでに人びとが抱いている認識を利用して、近代化も段階を経て成し遂げられるものであることを示した。近代国家の形成も、一身の問題から始まることを強調したのである。明治二年二月二〇日付で浜口儀兵衛に宛てた書簡では、「一身之独立をも知らざる者を相手ニ為し、何ぞ天下之独立を談す可けんや」と、まず一身の独立とは何かを知らしめることが「天下之独立」を論ずる前提となることを述べている。

ここで「一国」と「天下」の関係について触れておきたい。「一国」を日本とは考えず、豊前国、武蔵国などの国と捉え、「天下」を日本とする解釈もできる。確かに前掲浜口宛書簡は、「天下」を日本と考えても意味が通じる。しかしこの構想を述べた「中津留別の書」のなかで彼は、「外には公法を守て一国の独立を燿かし、始て真の大日本国ならずや」といい、ここでの「一国」は明らかに日本を指している。また九鬼隆義宛書簡（明治三年一月二二日付）では「一身之独立一家ニ及ひ、一家之独立一国ニ及ひ、始而我日本も独立之勢を成し可申」と述べ、ここでの「一国」もやはり日本を指すと読むのが自然であろう。それでは「一国」が日本を指す場合、「天下」は何を指すのか。彼が考える「独立」の背景には、後述するように互いに妨げあうことのない自主自由が存在する。「一国独立」はお互いの自主自由を尊重した上で成立するのであるから、「天下独立」は、各国の独立維持のもとで成立する国際的な秩序と考えることができよう。[21]

(二)「一身独立」とはなにか

それでは、最も基礎となる「一身独立」とは、何を意味するのか。福澤は明治三年に執筆した「中津留別の書」において、人は「天道」に従って徳を修め、知識を高め見聞を広め、人と交際し、一身の独立を図り、活計（生計）を立てるべきことを述べる。同書は彼が故郷である中津の人びとに対し、新しい世の中をいかに生きるべきかを説いたもので、人間が「万物の霊」である所以から始められている。[22] 人間が生きとし生けるものの中で一番偉いと考えられるのは、ただ「耳目鼻口手足を具え言語眠食する」からではない。徳を修め見識を広め、一身独立をめざし一家の生計を立てるがゆえに、「万物の霊」なのである。また、これまで中国や日本においては等閑視されてきた「自主自由」も大切なことである。自由と聞くと、「我儘」のような気がするがそうではない。「自由」は他人の妨げをせず、各々の独立を守る前提で存在する。自分の自由を守りたいと思えば、他人の自由を奪ってはいけない。近代社会は、この「自主自由」が尊重される社会でなければならない。そのうえで智徳を高め、一身が独立すれば、一身独立は一家の独立につながり、一家独立は一国の独立をもたらし、天下もまた独立する、というのである。

明治六（一八七三）年一二月に執筆された『学問のすゝめ』第三編では、「独立」とは「自分にて自分の身を支配し、他に依りすがる心なき」ことであると述べる。さらにその独立には、二種類あるといい、ひとつは「自から物事の理非を弁別して処置を誤ることなき者は、他人の智恵に依らざる独立なり」、すなわち自分で物事を判断し、決定することができる「他人の智恵」に依らない精神的な自立であり、もうひとつは、「自から心身を労して私立の活計を為す者は、他人の財に依らざる独立なり」、すなわち「他人の財」に依らず自活ができる経済的自立になる。「一身独立」とは、その双方を兼ね備えることである。いくら精神的に自立しても、衣食住を他人に頼れば、結局はそれらを提供してくれる人に従わざるを得ない。経済的自立も果たして、初めて「一身独立」が成立する。[23] 福澤は、他人の知恵や財に拠らず、自分自身に拠るべき知恵や財を持つことが、近代社会、そして近代国家を形成する主体となるための条件であると考えたのである。

そしてこの「一身独立」は、男性だけの問題ではなかった。福澤は、男女は同等な存在であると主張する。彼が最初に、自らの言葉で男女が同等であることを述べたのは、前掲「中津留別の書」であり、「男といい女といい、等しく天地間の一人にて軽重の別あるべき理なし」と、男女に軽重がないことを述べている。明治七年四月に発表した『学問のすゝめ』第八編では「抑も世に生れたる者は、男も人なり女も人なり」と述べ、「天下一日も男なかるべからず又女なかるべからず」と、男女どちらもこの世に欠けてはならない存在であることを主張した。[24] 当時、『学問のすゝめ』のほとんどの読者は、冒頭の「天は人の上に人を造らず、人の下に人を造らずといえり」の「人」とは、成人男性のことであると考えたであろう。なぜならば儒教の陰陽思想に基づき、陰として誕生する女性は男性より劣った存在であると考えられていたからである。それゆえに彼は『学問のすゝめ』のなかでも繰り返し、男女が等しいことを説いた。

男性に「一身独立」を求めるのであれば、同等な存在である女性も当然「一身独立」すべき存在であった。福澤は女性の「一身独立」のために、たとえば経済的自立の支援として、慶應義塾内に慶應義塾衣服仕立局を設けた。その開業引札『日本西洋衣服仕立せんたく』では、女性が「ひたすら男子に依頼」して生きているのは、女性にふさわしい職業がないからであり、せめて慶應義塾の社中だけでも、男性に依存する「無頼の婦人」を作らないために、仕立局を創設したと述べている。[25]福澤の近代化構想において、礎となる重要な課題は、男女がともに「一身独立」を成し遂げることであった。

(三)「家」の変容

福澤は、「一身独立」こそ近代社会そして近代国家を形成する基礎であると考えた。しかし、「一身独立」を直接に「一国独立」に結びつけるのではなく、「一身」と「一国」の間に「一家」を介在させた。なぜ福澤は「一家」を介在させたのであろうか。

人びとを主体へと変化させる国家構想において、「家」の変容は必須の課題であったからである。すでに文明の指標として家族のあり方を意識していた福澤にとって、封建制度のもとに成長してきた「家」の変革なくして、近代社会への転換はあり得なかった。彼は人びとに馴染みのある「修身斉家治国平天下」という言葉を利用しながら、為政者だけではなく、国家形成は国を構成する一人ひとりの「一身」から展開するという道筋を示した。前述のように、江戸時代における「家」は身分制度と密接に結びつき、「一身」の前に、継承されるべき「家」が存在した。そして江戸時代における「家」は士農工商の身分区別だけでなく、同じ士族の中でも序列を固定化し門閥を生んだ。もっとも将軍吉宗によって導入された足高制など、個々の才に応じた人材登用の工夫もなされ、天保改革時になると、各藩でも「家」格に関わらず実力のある人物を登用すべきだという考えは生じていた。たとえば中津藩でも、天保改革において財政再建を指揮した黒沢庄右衛門は、下士階級から抜擢されたといわれる。しかし根本的に身分構造が変わることはなく、中津藩でいえば大身衆と呼ばれる一二家（内大身並一家）のいずれに生れるか、それらの家の養子にならなければ、どれほど優秀であっても、藩政の要職に就く可能性は極めて低かった。

福澤の父百助は学者肌で多くの蔵書を持ち、「豊前中津藩の文壇を専らにして敢て争う者なかりし」と評されるほどの能文家であったが、下士階級に生れたがために、学者になりたくてもなることができなかった。[26] 彼に与えられた仕事は、大坂の蔵屋敷に勤務して回米方として年貢米を捌き、大坂の有力商人から貸金を引き出すことであった。長女礼の嫁ぎ先である小田部家の襖の下張から、百助が同僚とともに藩主奥平九八郎の名前で、大坂の豪商加島屋久右衛門から一三〇〇両を借用した証文が出て来ている。[27]『福翁自伝』によれば、子どもたちの手習の師匠が九九を教えたことに対して「怪しからぬ事」を教えるといって辞めさせるくらいの父であったから、そのエピソードが真実であれば、商人相手の借金の仕事は武士のすべき仕事として不本意であったことであろう。[28] しかし実直な人柄がかえってあだとなり、大坂勤務は文政五（一八二二）年から実に一五年にも及んだ。

同じく小田部家の襖から出てきた友人小田部武右衛門に宛てた書簡では、次の異動時こそ自分が対象となると述べ、「帰郷之日屈指仕候」「不遠拝顔」と帰藩を熱望している様子が窺われる。しかし結局機会を得られないまま、大坂で病死した。福澤は『福翁自伝』に次のように記している。

父の生涯、四十五年のその間、封建制度に束縛せられて何事も出来ず、空しく不平を呑んで世を去りたるこそ遺憾なれ。又初生児の行末を謀り、之を坊主にしても名を成さしめんとまでに決心したるその心中の苦しさ、その愛情の深さ、私は毎度この事を思出し、封建の門閥制度を憤ると共に、亡父の心事を察して独り泣くことがあります。私の為めに門閥制度は親の敵で御座る。

江戸時代は、彼の言葉を借りれば「チャント物を箱の中に詰めたように」秩序があり、何百年たっても家老の家に生れれば家老になり、足軽の家に生れれば足軽にしかなれなかった。[29] 父百助は封建制度に束縛されて何もできず、福澤家の継承のため、不平を胸にしまったまま生涯を終えた。せめて息子には同じ思いをさせたくないと、生れたばかりの子ども（諭吉）に対して、当時唯一実力で地位を得ることができた僧侶にしたいと考えた。その父の心中を思うと独り泣ける、門閥制度は親の敵であるというのである。江戸時代の「家」の壁は個人がいかに智徳を積もうと、乗り越えることができなかった。「一身独立」した個人を主体とする彼の近代化構想において、門閥は打破しなければならない壁であり、「家」の変容は果たさなければならない課題であった。

本来であれば幕藩体制の崩壊と共に、封建体制下でなければ根拠を持たない門閥も、自然に消滅に向うはずであった。しかし、そう容易には変わらなかった。彼が明治三（一八七〇）年一一月に、「中津留別の書」を執筆し、「一身独立」「一家独立」「一国独立」「天下独立」を説く直接的な契機となったのは、二年からの母および姪の東京移住問題であった。明治改元後、彼は幕府にも中津藩にも禄を返上し明治政府への出仕も断って、慶應義塾の運営と執筆活動によって生計を立てようと考えた。そこで中津に残っていた母や兄の遺児を東京に呼び寄せ、自身は外向けに仕事を行い、妻は家事、母は子育てを援け、「団欒」のある家族を作ろうとした。友人に宛てた書簡に「小生之身ハ固より勉強、妻ハ家事を理し、母も亦子供の世話なといたし、一家団欒共ニ倹約いたし候ハヽ、天道人を殺さずとの諺も有之」とある。「東西の家族」をひとつにして一緒に暮らすことで家計の節約になり、また変化の激しい新しい時代を、家族がひとつにまとまって生きていこうと考えたのである。[30] 福澤が描いた家族は、慶応四（一八六八）年に『西洋事情　外編』で自らが紹介した姿に近いものであったと想像される。

しかし、この移住計画は簡単には進まなかった。中津にいる母や姉たちが、上京に同意しなかったのである。その理由は、当時中津に「福澤の名跡御取建」の風聞があったからであった。[31] 福澤家は中津藩の下士階級であったが、彼がアメリカへ行き、また幕府使節団の一員となってヨーロッパへも行ったことによって、幕府にも中津藩にも貢献し、出版した『西洋事情』のシリーズも非常に売れているので、出世した彼に対して、中津藩もおそらくこれまでの一三石二人扶持という微禄ではなく、厚待遇をするであろうという噂であった。

福澤はこの風聞を聞いて、愕然とした。確かに明治以後も廃藩置県を迎えるまでは、政治体制が変わったとはいえ、藩の組織が完全になくなったわけではなく、家禄も明治九年に秩禄処分が終了するまでは支給されていた。そのため明治二年では、まだこのような誤解が生まれる要因がないわけではなかったが、しかし徳川幕府は大政を奉還し、幕藩体制は崩壊したのである。今後は武士であろうが、身分による生活の保証を失っていくのである。現実を見極め、これからの生活について、自分たちの力で根本から作り上げていかなければならない。ところが中津の士族たちには、そのことが理解できていなかった。彼は次のように憤る。確かに今は、旧来の知行にかじりついてその米を食い、一日の安楽をむさぼることができる。藩政下と同様の生活をすることは可能ではあるが、「天下の大名自家の封土を保つこと能はず、先ツ十分一ニ減禄」された、すなわち大名であっても自分の領土を手放さなければならなくなり、これまでの一〇分の一の家禄しかもらえなくなってしまった大きな変化の中で、その変化を感じ取ることをせず、藩から禄をもらうことを考えるのは「天下の喰ひつぶし」である。[32] 武士はこれから特権階級でなくなるばかりか、「無産の流民」になるのである。[33] 新たな社会を形成するには、そのことを自覚しなければならない。彼は、政権の交代によって社会的価値体系が変化したことを認識できず、福澤はあれだけ出世したのであるから、格も上がりたくさん禄をもらえるであろうなどと、今だ門閥の価値を噂している士族たちに危機感を抱いた。その意識を変えない限り、「一身独立」は果たし得ず、国の主体たり得ない。彼は中津の友人に対し「世禄ハ頼むべからず、門閥ハ貴ふへからず」、人びとは「才徳」に応じ「独立不羈之生計」を求めるより他にないと言う。[34] 経済的自立とその障害となる門閥意識の排除は、近代化を進めるための必須条件であった。武士たちの「家」に対する意識を変え、脈々と継承されてきた江戸時代における「家」を解体することが、彼の近代化構想実現のための大きな課題となった。

(四) ミドルクラスへの期待

福澤は、日本が近代化を進めるうえで、リーダーシップを取る力を持っているのは、士族や地方名望家であると考えていた。福澤が中津の士族たちの認識に愕然とし、また彼らの「家」意識の変容が課題であると考えたのは、近代社会、そして近代国家形成の先導的な担い手として、大きな期待を寄せていたからである。

「中津留別の書」において彼は、政府とは人びとの代表であるという。政府は法律を作り「勧善懲悪の法」を行う。政府が行うことが正しければ、人びとは従い、尊敬すべきである。福澤は、自らが明治三〇(一八九七)年に出版した『福澤諭吉全集』の緒言で、明治九年以降の著作について「官民調和の必要を根本にして間接直接に綴りたるもの」と述べているように、官民の協力によって、近代化が促進されると考えていた。[35] しかし、初めから政府を全面的に信頼していたわけではなく、警戒もしていた。明治七年刊行の『学問のすゝめ』第五編では、いにしえの政府は「力」を使ったが、今の政府は「力と智」を使い「民を御するの術」にも富んでいて、民の「心を奪う」と警鐘を鳴らす[36]。一方で人びとは、二五〇年を超える徳川幕府による統治の影響で、主体的になることがむずかしい。『文明論之概略』では、次のように述べている。

人々才力を有するも進て事を為すべき目的あらざれば、唯退て身を守るの策を求るのみ。数百年の久しき、その習慣遂に人の性と為りて、所謂敢為の精神を失い尽すに至れり……是即ち徳川の治世二百五十年の間、この国に大業を企る者、稀なりし由縁なり。輓近廃藩の一挙ありしかども、全国の人、俄にその性を変ずること能わず、治者と被治者との分界は今尚判然として毫もその趣を改めざる由縁なり[37]

長い間、受け身であることに慣れてしまった人びとは、簡単には主体性を持つことができず、「治者」と「被治者」の関係を抜け出すことができない。「一身独立」にはじまる近代国家、すなわち国民が主体である国家を形成するためには、変革のリーダーとなる人びとが必要である。彼はそれを、士族層および地方名望家層に期待した。『学問のすゝめ』第五編で次のように述べる。

国の文明は上政府より起るべからず、下小民より生ずべからず、必ずその中間より興て衆庶の向う所を示し、政府と並立て始て成功を期すべきなり[38]

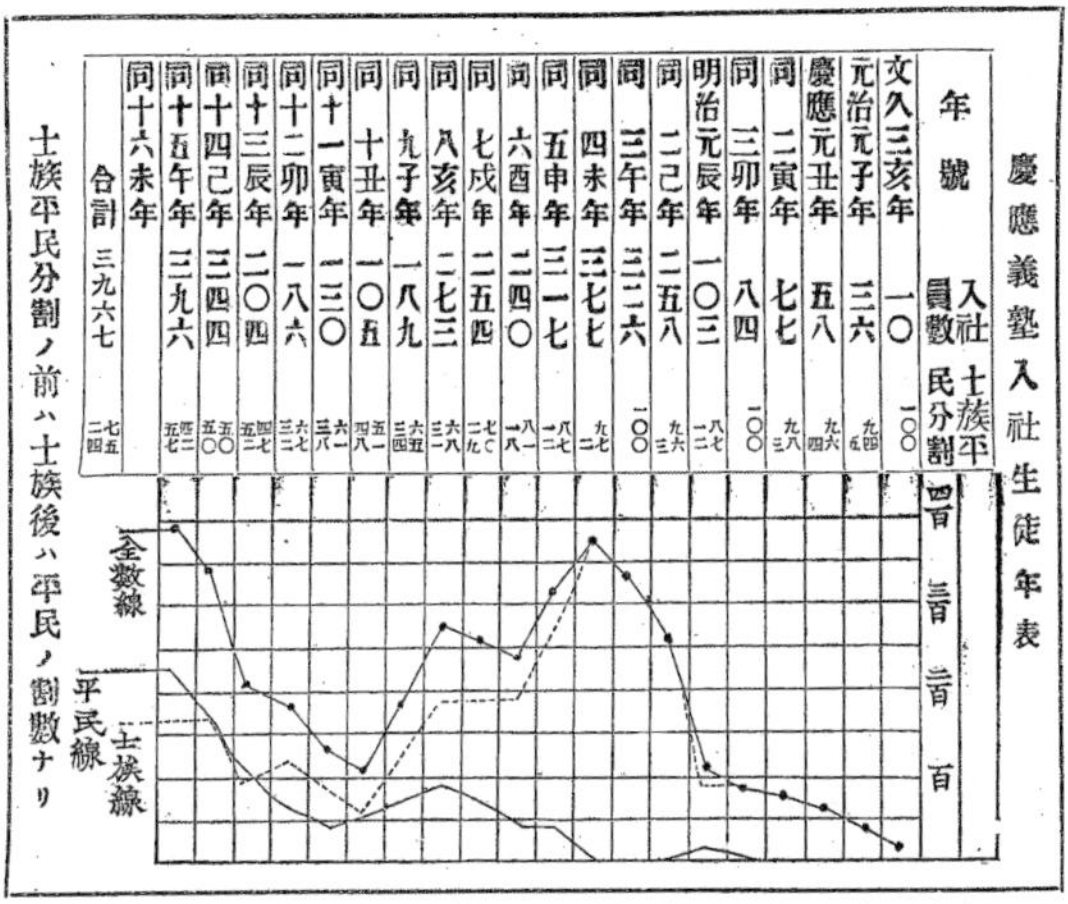

慶應義塾入社生徒年表

年號	入社員數	士族平民分割 士族	士族平民分割 平民
文久三亥年	一〇	一〇〇	
元治元子年	三六	九四	五
慶應元丑年	五八	九六	四
同二寅年	七七	九八	三
同三卯年	八四	一〇〇	
明治元辰年	一〇三	八七	一二
同二巳年	二五八	九六	三
同三午年	三二六	一〇〇	
同四未年	三七七	九七	二
同五申年	三一七	八七	一二
同六酉年	二四〇	八一	一八
同七戌年	二五四	七〇	二九
同八亥年	二七三	六八	三一
同九子年	一八九	六五	三四
同十丑年	一〇五	五一	四八
同十一寅年	一三〇	六一	三八
同十二卯年	一八六	六七	三二
同十三辰年	二〇四	四七	五二
同十四巳年	三四四	五〇	五〇
同十五午年	三九六	四二	五七
同十六未年			
合計	三九六七	七五	二四

士族平民分割ノ前ハ士族後ハ平民ノ割數ナリ

慶應義塾入社生年表（『慶應義塾紀事』明治16年より）

文明化は必ず中間層、ミドルクラスから興る。彼は同編で、ミドルクラスを形成するのは「唯一種の学者のみ」と言い、学者が在野にあって独立の力を発揮し、机上の学問だけではなく「実地に接して事に慣」れ「勇力」を生ずべきであるという。

ここで彼は「一種の学者」と言っているが、第五編はもともと明治七年一月一日の慶應義塾の会合においての演説であり、慶應義塾で学んでいる者、学んだ者、あるいはその保護者、教職員といった、彼が「慶應義塾社中」と呼ぶ人びとに対するメッセージである。福澤は彼らが官途に就くことを喜びとするのではなく、事をなすための「術」を修め、その「所得の知見」を商売、法律、農業、著述、新聞の出版など「文明の事実」に活かすべきだという。[39]「慶應義塾社中」のような人びとがミドルクラスを形成し、変革をリードする存在となるべきことを期待していた。当時の慶應義塾入学者の身分構成を、福澤自身が創立二五年の節目にまとめた『慶應義塾紀事』で見れば、明治六年までは士族の割合が圧倒的に多い。文久三年の一〇〇%に始まり、九四%、九六%、九八%、一〇〇%、八七%、九六%、一〇〇%、九七%、八七%、八一%、七年で七〇%になり、一〇年代半ばでようやく士族と士族以外が半々になる。[40]つまり、少なくとも、明治一〇年以前では彼が想定するミドルクラスの中心になるのは、士族層であるということができよう。

また彼が明治九(一八七六)年に約一か月をかけて執筆し、翌年刊行になった『分権論』にも、士族の力をいかに利用するべきかが説かれている。正確にいえば彼は「余輩が所謂士族とは、必ずしも双刀を帯して家禄を有したる武家のみを云うに非ず」と、地方名望家も視野に入れている。[41]『分権論』や旧幕時代の中津藩について記した「旧藩情」を見る限り、彼が重要視するのは知識教養であり、かつ「士族に固有する品行の美なるもの」である。それを備え持った者を士族と表現している。彼は、日本の士族は数百年の間政治を担当し、教養を積み「一種の気風」を成したという。農工商とは異なり、心身の働きによって「肉体の生」と「政治上の生」の二つを保ち、士族の働きは「我日本の社会中に存在してその運動を支配する一種の力」である。[42]この力を消滅させるべきではなく、いかに活用するかが、日本の近代化における課題であるとする。

士族層へ期待を寄せるからこそ、彼らが近代化への推進力となるべく、近代化を阻む門閥や江戸時代における「家」に内在する問題点を自覚し、解決することが重要であった。家族は文明の「柱礎屋壁の構成」を見極めるひとつの要件であった。近代国家体制を創出していくにあたって、門閥や門閥意識をもたらす江戸時代における「家」をいかに解体できるか、そしてまた、それに代わる新たな家族として、いかなる家族を創出できるのかが、日本の近代化を方向付ける大きな鍵であった。

第二章　近代における家族の要件

一、家族のかたち――求められる家族像

江戸時代の「家」を解体することは、近代化への必須の条件であったが、また同時に、近代社会を担う新たな家族像を描きだすことも必須であった。解体は「一身独立」のための素地を作るにすぎず、福澤は「一身独立」した個人を「一国独立」へとつなぐ、新しい「一家」が必要であると考えていた。本章では、彼が提示した家族像はいかなるものであったのか。また時代状況に応じて、それがどのように変化したのか否かについて考察する。最初に明治初年から一〇年頃までの福澤の主張から、彼の家族像の核となる三つの要素を取り上げる。

（二）一夫一婦

最も要となる主張は、「一夫一婦」の確立である。

『西洋事情　外編』において彼は、結婚生活を「大倫」といい、明治三（一八七〇）年の「中津留別の書」では「人倫の大本は夫婦なり」といった。「一身」から「一家」への第一歩は、結婚である。家族はまず夫婦という横のつながりが基本となって成立する。「夫婦ありて後」に、「親子」「兄弟姉妹」がある。一人の男性と一人の女性の間に横の関係が成立し、その間に子どもが誕生することによって家族が広がる。その基本となる夫婦関係において、最も重要なことは、男女は等しいという前提に基づくことである。彼は「中津留別の書」のなかで、次のようにもいう。

天の人を生ずるや、開闢の始、一男一女なるべし。数千万年の久しきを経るもその割合は同じからざるを得ず。又男といい女といい、等しく天地間の一人にて軽重の別あるべき理なし。古今、支那、日本の風俗を見るに、一男子にて数多の婦人を妻妾にし、婦人を取扱うこと下婢の如く又罪人の如くして、嘗てこれを恥る色なし。浅ましきことならずや。[1]

天はまず一人の男性と女性を作り、それ以来数千万年の間、男女は一対一の割合で誕生し、変わらない。この割合が男性も女性も同じ「一人」であって、その間に軽重の違いはないことを意味している。しかしながら中国や日本では、昔から一人の男性が多くの妾を持つことがあり、また女性を「下婢」や「罪人」のように扱って恥じることがない。浅ましいことである。

彼は、男女は等しい存在であるのに、夫婦においてその関係が平等ではないことを批判し、平等の結果として、一夫一婦制を確立すべきことを主張する。「中津留別の書」では『孟子』（彼は『論語』と誤っている）の「夫婦別あり」を、彼流に解釈して次のようにも述べる。

> 別ありとは分け隔ありということにはあるまじ。夫婦の間は情こそあるべきなり。他人らしく分け隔ありてはとても家は治り難し。されば別とは区別の義にて、この男女はこの夫婦、彼男女は彼夫婦と、二人ずつ区別正しく定るという義なるべし。然るに今多勢の妾を養い、本妻にも子あり、妾にも子あるときは、兄弟同士、父は一人にて母は異なり。夫婦に区別ありとは云われまじ。男子に二女を娶るの権あらば、婦人にも二夫を私するの理なかるべからず[2]

「別あり」は、夫と妻の間で「分け隔」、すなわち多くの人びとが想像するような立場の差があるという意味ではない。夫婦の間には「情」こそがあるべきである。夫婦の間も他人と同じであれば、家は治まらない。では「別」とは何かと言えば、男女一組ずつが独立して別々に存在するということである。世間には一人の男性が本妻と妾を持ち、両方に子どもがあったりもするが、それでは「夫婦別あり」とはいえない。男性が二人の女性を「娶る」権利があるならば、女性だって二人の男性を「私する」理屈が通る。[3] 世間の男性は妻が二人の男性を愛し、家に二人の夫がいても、その状況を受け入れて妻に尽すことができるのか。

もちろん、これは彼が本当の意味を知りながら意図的に誤ったもので、本来の「別あり」は儒教の陰陽の教えに基づき、夫と妻の立場には差があることを示す言葉である。しかし、さらに彼は『春秋左氏伝』のなかの「室を易る」、妻を交換するという言葉を引き合いに、「孔子様」が妻の交換を咎めないとは「些《ち》と不行届」と皮肉めいて、「夫婦別あり」の自分の解釈は間違っているのか、「漢儒先生達の説もあるべし」と挑戦的な言葉で結んでいる。[4] この書のなかで、彼は旧来の夫婦のあり方に対する問題意識を呼び起こし、近代の新しい家族は男女が対等な関係でなければならないと、一夫一婦制の確立を主張した。

しかし、彼が「中津留別の書」を著した翌一二月に、政府が公布した新律綱領では、妻にとって夫は一等親であるのに対し、夫にとって妻は二等親であり、妾も同様の二等親として扱われた。法律上でも妻以外の女性と、特定の関係を結ぶことが認められたのである。この規定は三年後の改定律令でも維持された。

福澤は、明治七(一八七四)年四月刊行の『学問のすゝめ』第八編「我心を以て他人の身を制すべからず」でも、男女は等しい存在であることを強調し、「世に生るゝ男女の数は同様なる理なり」と、同数誕生するがゆえに男女は一対一で結ばれるべきことを説く。平気で二、三の妾を持つ行動は「天理に背くこと明白」であり、「禽獣」のなすところである。妾がいる家は「人類の家」ではなく「畜類の小屋」と呼ばざるを得ないとまでいう。彼はここでも一人の妻に複数の夫がいて、「男妾」と呼ばれて「家族第二等親の位」を与えられても、男性たちは問題なく過ごせるのかと問い、一夫一婦であるべきことを主張する。[5]

明治七、八年ごろには、日本でも男女の同権が盛んに議論されるようになった。一八六九年にイギリスで発表されたジョン・スチュアート・ミル John Stuart Mill の『女性の隷従』*The Subjection of Women* は、翌年にかけてすぐにフランス、ドイツ、スウェーデン、ポーランド、イタリアなど各国で翻訳出版され、同権の議論に大きな影響を与えた。[6] 日本でも森有礼、西村茂樹、西周、加藤弘之らをメンバーとする明六社では、明治七年五月から五回『明六雑誌』に掲載された森の「妻妾論」をめぐって、男女同権の是非を問う論争が起こった。[7] 森は一夫一婦制の確立を主張し、婚姻において男女が等しいことを主張した。こうした同権論に対し、七年八月二四日付『郵便報知新聞』は「駁男女同権論」を掲載し、「外国帰りの大先生達　男女同権との論多し　当時ハかの国にてさへ　女の権威が強すぎて　男ハいつれも鼻たらし」と揶揄している。

森の「妻妾論」に対しては、明六社内でも反論があった。加藤弘之は八年三月刊行の第三一号に「夫婦同権の流弊論」を寄せ、夫が妻を蔑視する悪風やみだりに妾をもつ醜俗がなくなるのは同権の実現であり、森（「妻妾論」）や福澤（『学問のすゝめ』）の功績だが、そもそも欧米のレディファーストは、女性が弱く扶助すべきものであることに由来し、扶助される者が扶助する者より上位にくることはありえない。欧米では男性が女性の歓心を得ようとへつらって、「婦権」が「夫権」より強くなりすぎており、それは夫婦同権を誤認した弊害であると述べた。阪谷素は同月刊の第三二号「妾説の疑」で加藤同様、森の「妻妾論」や福澤の『学問のすゝめ』は「おおいに教を世になし、耳目を一洗し、頑開化者の口を鉗す」るが、「わが邦皇統の重き」を考えれば、一律に一夫一婦は実現できないとする。津田真道は翌四月発行の第三五号で「男女同権弁」と題し、西洋でも「民権上」は「男女の権、実に同じ」だが「国家の政事に関係する公権において、男女自ずからその別あり」と、認められるのは私的領域での男女の同権で、公権においては差があり、また「夫婦同権ということは民法上においても絶て無きことなり」と、夫婦の同権は私的領域においても認められないという。津田は実際の夫婦の交際では尊卑はないが、中途半端に文明化しようとする「生開化」は「変乱の本」になって混乱を生じるだけであると主張する。[8]

この論争のなかで、福澤の立場は明解である。彼は加藤の論説と同じ第三一号に「男女同数論」を寄せた。表題から知れる通り、男女はほぼ同数生まれるのであるから「男一人と女一人とあい対して夫婦になるべき勘定なり」という、「中津留別の書」に始まるこれまでと同様の理論による一夫一婦の主張である。彼は同権を論ずるためには、まず「男女の何物たる」「権の何事たる」を詳らかにする必要があり、前提としてこうした概念の定義がなく「思い思いに説を述る」のであれば「際限」がなく「いわゆる水掛け論」となるだけであるという。重要なことは、誰もが男女が等しい存在であることを理解することであり、ゆえに今後同権を論じていくための「初段」として、難しい話は止めにして「ごくごく手近」な「誰れにも分り易き男女同数論」を主張すると述べた。彼の目的は、男女平等の実現として、一夫一婦という夫婦のあり方の正当性を、誰もが理解することであった。[9]

福澤は、近代社会を形成する「一身独立」した男女は平等でなければならず、対等な立場を実現するためには、家族はまず一夫一婦でなければならないと考えたのである。

(二) 団欒のある家族

次に彼の家族像として指摘できるのは、家族がもたらす精神的な安定への評価である。『明六雑誌』上で男女同権論争が行われていた明治七、八年のころ、人びとはまだ明治維新の変革を完全に受け止められていたわけではなかった。明治七(一八七四)年一〇月一二日付で福澤は、イギリス留学中の馬場辰猪に宛て次のように書き送った。

マインド之騒動ハ今尚止マズ。此後も益持続すへきの勢あり。古来未曾有之此好機会に乗し、旧習之惑溺を一掃して新ラシキエレメントを誘導し、民心之改革をいたし度。

彼は近代化を進めるにあたって、「旧習之惑溺」を一掃し「民心之改革」をしたいと考えていた。しかし、人びとの「マインド之騒動」は止む気配がなく、彼は留学中(正確にはこのとき馬場は日本に向っており、翌年六月以降再びロンドンに留学する)の馬場に、「我ネーションのデスチニー」を担当することを期待している。[10]

明治八年三月二五日付の『文明論之概略』緒言でも、「人心の騒乱」は同様に「今尚依然として日に益甚し」いと述べる。[11] 福澤は、近代化に向けて最初に成し遂げるべき目標として「一身独立」を主張したが、こうした「マインド之騒動」のなか、それが容易いものではないこともわかっていた。その『文明論之概略』で、彼は家族について次のように述べる。

家族の間は情を以て交を結び、物に常主なく与奪に規則なし、失うも惜むに足らず、得るも悦ぶに足らず、無礼を咎めず拙劣を恥じず、婦子の満足は夫親の悦と為り、夫親の苦は婦子の患と為り、或は自から薄くして他を厚くし、他の満足を見て却て心に慊きを覚るものなり。……故に家族の交には、規則を要せず、約束を要せず、況や智術策略をや[12]

家族は悦びや苦しみを共有し、家族内の他に対して尽し、他の満足が自身の快さとなり、ルールや約束や駆け引きがなくても、お互いにわかり合える存在であるという。[13] 彼にとって家族とは、心に平穏をもたらすものであった。彼がジョン・ヒル・バートンの『政治経済学』をもとに、『西洋事情　外編』（慶応四年）のなかで、西洋における家族を世間で最も人情が厚く仲睦まじいものと紹介し、「夫婦の配偶」は「人の幸を増し人の交を厚くするもの」であると書いたことは前章で引用した。さらに彼は、人間は誰しもが私欲をもち、人と「相競うの心」を持っているが、家族の間においては「相競い相争う」の「痕跡」すらないと記している。[14]『文明論之概略』は、彼が『西洋事情』以来抱いている家族像を踏襲している。

なぜ家族には争いがないのか。『西洋事情　外編』では、家族が「睦して快きもの」である「大本」は、「夫婦相信じ親子相親しむの情あるに由てのこと」、すなわち夫婦間親子間に存在する「情」によると述べる。[15]『文明論之概略』でも、家族のために何かを失うことも惜しくなく、家族が満足すれば自分も満足をするのは、「家族の間は情を以て交を結」んでいるからであるという。[16]家族間には「情」がある。彼は、明治維新直後に母たちを東京へ呼び寄せる際、友人に対して自らの家族の姿を「一家団欒」と表現する。そして「一家団欒共に倹約」すれば「天道人を殺さず」の諺もあり、経済的にも立ちゆき、「母之安心」もできるという。[17]家族が「情」によって結びついた争いごとのない家族であれば、「一家団欒」や「家族団欒」を通じて人びとに安らぎを与え、個人の精神的な自立を支えることができる。「マインド之騒動」「人心の騒乱」の時期に「情」による新しい家族は、団欒そして安心をもたらすことができると考えたのである。

彼は明治九（一八七六）年九月に、『家庭叢談』という雑誌を創刊する。雑誌名に「家庭」という文字を付した理由について、「家内」のことのみを記すという意味ではなく、世間で多くの新聞や雑誌が刊行されていても、雑報欄などの文面が「きたなく」子どもには不適切で、親子一緒に読めないものが多い。そこでこの雑誌は大事小事を問わず、「家の内」で読み、朝夕親子で話の種になるようなものを記載する。ゆえに「家庭」の文字を掲げると緒言に記している。[18]江戸時代までのいえる。

「家」の要素にはなかった「一家団欒」のために、雑誌を通じてその契機を提供しようと考えたと

(三) 親子の関係

彼の家族論はまず夫婦の関係から始まるが、そののちは親子関係が生まれる。幕末明治初期に来日した外国人たちの残した記録を見ると、一様に日本人の親子関係について、その親密さを驚きの目で報じている。森山茂樹・中江和恵『日本子ども史』によれば、「日本は子どもの天国である、という表現」がしばしば登場し、「子どもが愛され、かわいがられて育ち、おとなしく礼儀正しいという感想も、欧米人に共通」であった。[19] オールコックやイザベラ・バード、E・S・モースは次のようにいう。

＊江戸の街頭や店内で、はだかのキューピットが、これまたはだかに近い頑丈そうな父親の腕にだかれているのを見かけるが、これはごくありふれた光景である。父親はこの小さな荷物をだいて、見るからになれた手つきでやさしく器用にあやしながら、あちこち歩きまわる。

(『大君の都　幕末日本滞在記』[20])

＊私は、わが子をこれほどかわいがる人々、歩くときに抱っこしたり、おんぶしたり、手をつないだり、子供が遊ぶのを眺めたりその輪の中に入ったり、新しい玩具をしょっちゅう買ってや

ったり、行楽や祭に連れていったりする人々をこれまで見たことがない。子供がいないといつもつまらなそうにしている。よその子供たちに対してさえ、それなりの愛情と心づかいでもって接する人々を見たことがない。父親も母親もわが子を自慢する。（『日本奥地紀行』[21]）

*彼等は朝早く学校へ行くか、家庭にいて両親を、その家の家内的の仕事で手伝うか、父親と一緒に職業をしたり、店番をしたりする。彼等は満足して幸福そうに働き、私は今迄に、すねている子や、身体的の刑罰は見たことがない。（『日本その日その日』[22]）

彼らは、欧米に比べて日本人は子どもを大切にし、子どもたちは親に従順であると感じた。後述のように、実際には階層によって差異があるのだが、イザベラ・バードは、子どもたちがおとなしく、儀礼的で小さな大人のように何も文句を言わずに従っていることに、イギリスの子どもたちと比較して、堅苦しすぎて少しませているとも感じている。[23]

福澤は、欧米人から見るとかわいがられているように見える関係が、その親密さによって、むしろ互いの独立を妨げていることを危惧していた。彼は家族はまず夫婦という横の関係があって、次に縦の親子関係が生じると考えるが、親子関係は、子が扶養を必要とする間に限るもので、子が成人すれば、独立させるべきである。「中津留別の書」では次のようにいう。

子の年齢二十一、二歳にも及ぶときはこれを成人の齢と名づけ、各一人の了管出来るものなれ

ば、父母はこれを棄て、顧みず、独立の活計を営ましめ、その好む所に行きその欲する事を為さしめて可なり[24]

また子が親に孝行するのは当然として、子どもの不孝は咎めるのに、父母の「慈ならざる」を罪と考える者が少ないのは問題であり、あるいは自分が生んだからと言って、あたかも手作りした、あるいは購入した道具のように思うのは「大なる心得違」である。子どもは「天より人に授かりたる賜」であるから、大切に育てるべきであるが、父子の間柄であっても相手の「独立自由」を妨げるべきではない。彼は親の過干渉や溺愛を諫め、明治九（一八七六）年一〇月八日発行『家庭叢談』第九号に寄せた「姓名の事」（明治一一年『福澤文集』巻之一所収）では、親が子どもに過度な期待をかけて歴史上の人物の名前などをつけるのは、子どもにとって重圧となるとすら指摘する。[25]彼自身は特に息子に対しては、簡単に一太郎、捨次郎、三八（男で三番目、全体で八番目）、大四郎と命名した。

「中津留別の書」では先の引用に続き、子どもが自分の望む通りに生きてほしいと考えるのは、罪がないようだが、それは子どもを愛することは知っていても、愛し方を知らない者である。子どもが「無智無得の不幸」に陥り、精神的に成長することができない。子どもの身体の病だけではなく、「心の病」についても心配りをすべきであると述べている。[26]福澤は、親子間においても「一身独立」を尊重する環境を作ろうとした。

ただ、親密すぎる関係は危惧するが、親子を結びつけるものは、あくまでも感情であった。「家」継承しなければならないという意識や義務感であってはならなかった。少し時期が下がり、明治一六年から足かけ六年、長男一太郎・次男捨次郎がアメリカへ留学し、初めて家族が離れて暮らした際には、たとえ用事がなくても郵船の便が出るごとに手紙を書き、対話の維持に努めた。『福翁自伝』によれば、その数は「三百何十通」かに及んだという。自伝ではそのときを振り返り、「親子の間は愛情一偏で、何ほど年を取ても互に理窟らしい議論は無用の沙汰である。是れは私も妻も全く同説で、親子の間を成る丈け離れぬようにする計り」であったと述べている[27]。物理的に離れるがゆえに、親子の間を「成る丈け離れ」ず気持ちが通い合うようにと差し出した手紙は、現存では一一五通判明している。内容は事細かな日常生活の報告から、慶應義塾や著作に関する構想、息子たちのアメリカでの生活へのアドバイスから、将来息子たちが自立したら同居せず、狭い家でも夫婦二人で暮らしながら、時折息子たちの家を訪ねることを「老余之楽事」にしている、といった未来の家族像にまで書及んでいる[28]。親子間においても、大切なものは「情」であった。

二、明治政府の構想する家族

（一）戸籍による家族

一方で政府は、いかなる家族像を描こうとしたのか。明治を迎えて、男女平等の実現や、精神的な平穏、新たな親子関係を求めて、福澤は近代化過程の家族像を模索していったが、第二節では家族に関する明治政府の方針と福澤の家族論への影響について考える。

第一章で見たように、江戸時代において「家」は人びとを統治する組織として機能していたが、身分制度のもとに成立しており、近代国家形成のために国民の均一化を課題とする政府は、その変容を図らねばならなかった。近代国家体制では租税、教育、兵役各制度の確立は不可欠で、国民を一律に把握することは前提条件であった。また天皇を中心とした中央集権国家維持のために、掌握した国民を天皇の臣民として育てる必要があった。しかしながら、その道程は単純ではなかった。

井戸田博史氏によれば、国家は「理想とする家族像を設定し、その家族像に適合する法体系を形成」する。明治政府の急務は「四民同一」「臣民一般」の「全国総体ノ戸籍法」の制定であった[29]。国民を把握するには、戸籍ではなく、個人を単位に身上を示す証書を作成する方法もあり、太政官中弁江藤新平は、明治三（一八七〇）年九月から始まった民法会議のなかで、フランス民法と同様の「民法草案身上証書」（身分証書）の編纂を進めていた。しかしそれに対し、民部省は戸籍による国民の掌握を目指し、戸籍法案の作成を開始、四年二月頃に原案が決定し、同年四月四日には全国惣体戸籍法（太政官布告第一七〇）が布告された。小林忠正氏によれば、身上証書も戸籍も「どちらも家族集団の組織的統制に関連する身分登録制である」という点では共通しているが、目的が明確に異なり、身上証書は「民権確立を目的としての人民登録」であるのに対し、戸籍は「治安の維持、学制の施行、税の徴収制度、徴兵制の実施など「凡百之御政事」（東京戸籍仕法　明治二年三月欠日行政官第二二三）の基礎として人民掌握」を目的としていた。[30] 結局五年二月一日から戸籍法は実施され、皇族を除く全国民が、戸籍によって管理されることになった。戸籍法で定められた戸籍上の「家」は、宗門人別改帳や明治初期に京都府や東京府で出された戸籍仕法とは異なり、近世の身分や家格とは無関係で、ここに「家」は「均質化・規格化」されたといわれる。[31] 確かに戸籍制度は身上証書より、租税や教育、兵制を整えるにあたっては、「戸」が個人の媒介となり、導入時の目的は達しやすいと思われる。しかし、同時にそれは、個の実態を掌握できているわけではないという点で、多くの課題を抱える可能性も高かった。

明治四年の戸籍法は、戸籍編製の手続きを定めたものであったために、作業の進行に伴い、数多くの地方戸籍法令や伺、指令が出された。それらには当然整合性が求められたが、関係各部署の対応は一貫していたとは言い難い。奥山弘氏や横山百合子氏は、廃藩置県に至るまでの維新政府を、身分制の再編を目指していたと位置づけており、横山氏は「身分」と「職分」が合致していたはずの近世的身分社会が幕末には変化しており、維新政府はそれを「支配身分と被支配身分の区別を再び明確化し被支配身分を整理統合」しようとしたと考える。戸籍法の特質も「属地主義という身分を超えた戸籍行政と身分制に依拠したそれ以外の行政が相補的に共存するところ」にあると見る。[32]たとえば、戸籍は戸主が戸長に届け出る方式がとられたが、その戸長には「触頭」も就任した。触頭は東京において支配的身分の掌握管理のため、明治初年に新たに設置された職で、横山氏は触頭が戸長として戸籍を取りまとめたことで、戸籍が「属地主義に基づいて編成されるにもかかわらず、編成業務は身分集団の存在を容認しておこなわれた」と指摘する。[33]

戸籍法には、中央集権国家が定める法律として、全国的な普遍性も要求されるが、幕藩体制時代に形成された地域差に対し、ケースバイケースでの対応が求められるという困難さがあった。また日々起こる居住形態の変化に対し、同時併行して戸籍の改編を行うことは不可能であるため、「寄留」「附籍」といった書類上の処理がなされていくことになり、戸籍は実態から遊離していくことになる。さらに前述のように、戸籍は戸主による届け出であったため、たとえば徴兵に応じさせたくない場合など、政府の意向に反して、戸主が届出をしないことも起こり得た。国家権力と戸主の権力は、時に対立するものになったのである。[34]

こうした戸籍と実態の差異が生じることによって、福島正夫・利谷信義両氏によれば、戸籍は現実から離れて「観念化」し、その反面戸籍に独自性が生まれて「人民大衆の間に戸籍意識」が発生、これが近代以降の「「家」イデオロギーの重要な支柱」となったという。[35]現在でもまだ私たちは、

「戸籍がきれい」といった表現を意識なく使うことがある。江戸時代以降育まれてきた「家」意識が、戸籍という明解な拠りどころを得たといえる。戸籍の存在は、日本における近代家族の形成に、大きな影響を与えた。

福澤は戸籍に対して「日本婦人論」（明治一八年）のなかで、家の系統を重んずるあまりに、「実の血統」に関係なく養子を迎えて、「家の空名」のみを継承する制度であることを批判する。

尚甚しきはその家族は死絶えて血属の遺子もなく、家も貧にして財産なきのみか家屋さえなくして、家の〔空名の〕外無一物なるものにても、家は則ち家にして戸籍上これを一戸と云う。子孫に非ずして子孫と称し、戸なくして戸と名く[36]

彼の批判は、政府によって家族の記載が管理される戸籍の存在そのものではなく、そこに示されている「戸」が「観念化」されていることにあった。福澤にとって重要であったのは、「戸」として把握される家族が実体を伴っていることであった。江戸時代における「家」意識のように、「戸」が個人から離れて観念（「家の空名」）として成立するのであれば、門閥の温存につながる。彼はそのことを懸念していた。戸籍自体については、『時事小言』において、その存在を自明のこととして語っているように、自らの家族論と抵触する意識はなかったと考えられる[37]。

（二）西洋思想の受容と儒教主義の導入

幕末から明治初期にかけて、西洋から男女の平等や同権に関する思想が流入したが、当時西洋でもまだ男女は平等とはいえず、津田真道が述べていたように、公的な権利において男女の格差は大きかった。それゆえに、前述のようにミルの『女性の隷従』が出版されると、各国で女性の参政権獲得運動も盛り上がりを見せた。日本もその影響を受けるなかで、男女の関係にも西洋の慣習を積極的に取り入れようとする人びとと、日本女性の特質として伝統的に存在すると考えられていた女徳を維持しようとする人びとが生まれていった。同様な西洋体験を経ても結果は同じではなく、特に女性論では、西洋の模倣に重点を置くか、日本の独自性を伝統として確立するかという、相対する潮流が生まれた。

明治四年一一月に横浜を出港し、アメリカ・ヨーロッパを視察して、六年九月に帰国した岩倉使節団に参加した木戸孝允は、五年三月八日の日記に「当時留学の生徒等も我国の本来所以を深了せず容易に米人の風俗を軽慕し未己の自立する所以を知らず漫に自主と歟共和と歟の説を唱へ軽燥《マヽ》浮薄不堪聞ものあり」と書留め、留学生が「我国の本来所以」を深く理解することなく、みだりにアメリカ人の風俗を「軽慕」することを「軽燥浮薄」で聞くに堪えないと嘆いている。[38]

同じく岩倉使節団に参加した久米邦武は、『米欧回覧実記』の第一三章「華盛頓府ノ記下」で日本と異なる風俗のなかでも「最モ奇怪ヲ覚ヘタルハ、男女ノ交際」と述べ、西洋で見聞きした男女の交際は「奇怪」であるという。[39]岩倉使節団は帰国後の報告書作成について、お雇い外国人であったフルベッキから助言を受けており、その際調査項目に掲げられた四九の内のひとつが「男女ノ交際及ビ礼譲」であった。[40]「奇怪」の内容は、次のようなものである。アメリカでは日本で妻が夫の両親に仕え、子が父母に仕えるのと同じように、夫が妻に仕え、靴を履かせたり食べ物を取り分けたり、荷物を持ったりする。妻の機嫌を少しでも損なうと、愛している、尊敬しているといって詫びる。男女同権論がはびこっているが、女性が国家防衛の仕事の責任を負えないことははっきりしている。東洋の教えでは「婦人ハ内ヲ治メ外ヲ務メス、男女ノ弁別ハ、自ラ条理アリ、識者慎思ヲナサヽルヘカラス」と男女で内外に担当を分け、そこには「条理」がある。久米は、知識層はそれを十分に深慮すべきであると主張する。[41]

また彼は回顧録でも、欧米で目にするのは女性が「コーセット」という「提灯へゴ」のように作った箍で腰の下を膨らませた姿で、そのため男性が裾を持ってあげたり、腰を抱いて馬車に乗せたりと侍女が行うようなことをするといい、こうした光景を目のあたりにして「主婦が正席、主人は末席」「乾坤を反復した嬶天下」「興が醒めた」と述べている。久米の儒学の知識と経験に基づけば、到底許容できない姿であった。それでも最初は、西海岸のサンフランシスコのようなところは、鉱山目当ての素行の悪い者たちの集まりで、だから男性が給仕や侍女のような仕事をするのであろうと無理に納得していた。しかし、その風俗は「東方の文明地方」に行っても変化がなかった。ワシントンでも同様であることがわかり「我々の眼には如何にも猥褻を極め、女に鈍い風俗」と感じた。[42]

先に引用した加藤弘之の「夫婦同権の流弊論」でも、ヨーロッパでは「婦権」が強くなりすぎて、夫より先に家に入る、先に挨拶することが平気で、また個人的嗜好で自由であるはずの煙草を吸う行為に、同席女性の許可を得ねばならないといった「理」のない風俗がある。そしてこともあろうにそれを真似しようとする日本人がいることを批判している[43]。

西洋風な男女関係に嫌悪感を示す知識人がいる一方で、森有礼は、明治八年二月六日木挽町（現中央区銀座）に建てた新築の洋館に、親族、友人および新聞記者を招待して人前結婚式を挙げた。一か月ほど前に「婚式請柬」を発送し、『郵便報知新聞』（二月七日付）によれば二〇〇余名、『朝野新聞』（二月八日付）によれば凡そ一〇〇名が集まったという。式は一一時ごろから、礼服姿の森と薄鼠色の洋装に白いベールをかぶった妻となる広瀬常が入場し、大久保一翁東京府知事が立会人、福澤諭吉が証人を務めて、両者合意のもとで作成された婚姻契約書が読み上げられ、両者および証人が自署したのち、立食パーティを開いた。森の意図は、ジャーナリズムを利用して、夫婦が対等であることと、互いの合意のもとに結んだ契約によって成り立つ新しい結婚の形を示すことにあった。ゆえに多くのマスコミを集めたであろう。しかし、二月一三日付の『朝野新聞』には「歌貝増」（うたがいます）の名で、私婚に国旗を掲げるのは西洋の風俗なのか（私的に日ノ丸の桃燈を作れば罰せられる）、何故白無垢の装束ではないのか、西洋で夫妻の所有物を問題にするのは持参金なり持参品があるからで、今回のケースはどうなのかを問う投書が載るなど、森や協力した福澤の目的とは裏腹に、世間からは奇異な行動と受け取られた。

そして西洋化への反動や、「マインド之騒動」を乗り越え臣民としてのアイデンティティを作成するために、再び儒教が着目されるようになり、明治一四、五年ごろから教育への儒教主義の導入が始まった。福澤は当初、この傾向について楽観視していた。明治一六年九月二一日付で長男一太郎・次男捨次郎に宛てた書簡では「日本之教育ハ近来益儒教主義とて、頻ニ支那学を勉め、可笑しき次第なれ共、固より永久ニ持続可致ニもあらず」と近頃頻りに儒教主義といわれるが、明治以降のこれまでの経緯を考えれば、それが永久に持続することはないと述べ、翌年八月一三日付E・S・モース宛書簡でも儒教主義を世間が許すはずもないと述べている[44]。

しかし家族像をめぐっても、儒教的男女観が浸透する傾向が見られることには気づいていた。前述のように江戸時代の封建制度下では階層あるいは地域によって多様であったはずの家族の姿が、ひとつの理想像のもとに均一化されつつあった。福澤はそれを、男女の別を重視する士族風の「家」が一般的になっていくと捉え、明治一八年執筆の『日本婦人論　後編』では以下のように述べている。

日本国中、士族一般の家風を成して、その風俗広く平民の間にも行われ、無益にも唯婦人を粗末にするを以て男子の栄誉の様に心得……彼の封建の時代に、先祖の家筋を大切にして無理に男子の相続を作り、之が為に婦人を無きものにしたる風俗は、今より以後除き去るべきものなり[45]。

しかし教育の儒教主義化傾向はさらに進み、二三（一八九〇）年には元田永孚らの尽力により「教育ニ関スル勅語」が発布された。福澤も二四年五月二三日付清岡邦之助宛書簡では「明治十四、五年之頃より、何か政府之様子改まりて、教育之風を云〻し、所謂老儒磧〔碩〕学抔を用ひて、文明流を擯斥したる、其影響ハ何れ之辺ニ発するやも知る可らず」と一四、五年からの教育への儒教主義の導入によって、「文明流」が排斥された影響が今後どのように表れるのかを危惧し、「当局之長老輩も、今後ハ少しく注意して可然」と慶應義塾でも対策を講じる必要を説いている。[46]

　教育勅語で述べられた夫婦関係は、「夫婦相和シ」のわずか五文字であった。教育勅語は全体でも三一三文字に過ぎず、基本的理念だけが述べられたものである。短くまとめられたことによって、初学者でも暗記をすることができ、ひたすら暗唱を繰り返すことによって、理念を身体化することができた。さらにこの基本的理念を教育の現場でどのように教えるべきかについては、『教育勅語衍義』などの名前で数多くの解説書が出版された。「夫婦相和シ」の解釈については『礼記』が引用され、「和」はすなわち「順」、順とは「夫唱婦随」であり、妻が夫に従うことが「夫婦相和シ」であると解釈された。文学博士で元老院議官、帝国大学文科大学教授であった重野安繹の『教育勅語衍義』（明治二五年　出版者小林喜右衛門）は、近年は女性も学問をなし、品位が高尚に進んだといっても、妻が「順」によって夫の歓心を得る夫唱婦随が「自然ノ道」であり、妻が「婉順ノ徳」を失っては夫婦の和は保てないとしている。[47]夫婦において、夫と妻は同等ではなく、妻の一方的な順が家庭を円満に保つとされた。儒教では陰陽思想に基づく男女の別が強く、儒教主義のもとでは男女が同等の家族関係を作ることは困難であった。

ただ明治政府も、儒教主義に基づく夫婦や家族のあり方を、唯一無二として示すことは簡単ではなかった。不平等条約の改正を含む外交上の問題から、近代的な西洋法に倣った法律が求められたからである。岩手県令の石井省一郎は、明治一〇年代後半になって、編纂が進んでいる民法の内容を知り、そこでは法に基づき妻が夫を訴え、子が父を訴えることも可能であることに驚き、司法大臣山田顕義のもとへ談判に向った。しかし逆に山田から、欧米が認める民法を編纂しなければ治外法権を撤廃することができず、条約改正はとても望めないと説得された。そこで「それならば致方がない、この上は教育の方面で、善く始末をつけねばならぬ」と考え、明治二一年ごろから「私共同志は、躍起の運動を開始した」という。[48] すなわち教育の現場において、勅語上の単なる「相和シ」という言葉を、『礼記』という儒学のテキストを用いて、女性は男性に従うべきであるという解釈のもとに教える。たとえ法律で妻が夫を訴える権利が認められても、それを実行することがいかに恥ずべき行為であるかを教え込む。そうした教育によって、法律があろうがなかろうが、理想とする夫唱婦随の家族像を確立する努力がなされたのである。

明治一〇年代末から二〇年代初頭にかけて、右に述べたような儒教主義の導入と、現実的に欧化主義を取り入れるダブルスタンダード化のなかで、福澤が自らの近代化構想を実現するためには、「一身独立」に続く「一家独立」の内実を明らかにする必要があった。彼は明治一八年から、女性論、男性論、男女交際論を体系的に論じはじめた。

三、家族のきずな

(一) 愛・敬・恕

明治初期に福澤が求めていた家族像は、男女が平等であり、精神的な安らぎを得られるような争いのない関係であった。しかし政府による儒教主義の導入が進むなか、教育現場で教えられようようになった理想の夫婦は、妻は夫を天とし、夫に従う夫唱婦随の姿であった。それでは、福澤の近代化構想の基礎となる「一身独立」した対等な男女による夫婦関係は成立しない。彼は家族内の人間関係が、秩序を重んずる儒教に基づくようになれば、「天の然らしむる所」である感情によって結びつき「相競い相争う」ことのない家族になることは困難であると考えた。[49]

福澤は「日本婦人論」『日本婦人論　後編』『品行論』(明治一八年)、『男女交際論』「男女交際余論」(一九年)、『日本男子論』(二一年)を執筆し、夫婦を結びつける必須の感情として以下の三つを主張した。

一番目は、「愛」である。人には「好不好の情実」(『日本婦人論後編』)があり、相手に愛情を感じられることが最も重要である。[50]しかし、愛しいという感情だけであれば、動物ならば持っている

るからである。

ものである。人間が他の動物と異なるのは、それに加えて相手を尊敬する感情を持つことである。人が人たる所以は相手を可愛がるだけではなく、夫婦が互いに丁寧にし大切にする「敬」が存在するからである。

＊相互に親愛し相互に尊敬するこそ人間の本分なるべし（『日本婦人論　後編』）

＊妻を愛するを知りて之を敬するを知らざるは世上一般の悪風俗にして、良家と称するものにてもこの風は免かれ難し。（同上）

＊夫婦の間、相互に隔なくして可愛がるとまでにては未だ禽獣と区別するに足らず。一歩を進め夫婦互に丁寧にし大事にすると云うて、始めて人の人たる所を見るに足るべし。即ち敬の意なり。（『日本男子論』51）

二番目は、この「敬」という感情である。「敬」について、具体的には次のように述べている。

即ちその敬意とは何ぞや、妻を一人前の人として夫婦同等の位に位し、毎事に之に語り毎事に之と相談することなり。既に精神の上に敬うの意あれば、家の富も夫婦の富にして、その貧も亦夫婦の貧なり。（『日本婦人論　後編』52）

錦と諭吉

相手を同等の存在として扱い、何事においても夫婦で情報を共有し、相談しあう。精神的に敬う気持ちがあれば、富も貧も分け合うことができるという。
そして三番目は「恕」である。

恕とは心の如しとの二字を一字にしたる文字にして、己れの心の如くに他人の心を思いやり、己が身に堪え難きことは人も亦堪え難からんと推量して自から慎むことなり。
（『日本婦人論後編』[53]）

「恕」とは、相手の気持ちになって考え、自分の身に耐えられないことは、相手も耐えられないと考えて慎むことである。福澤は、『論語』などに見られる「聖人の教」である「恕」が、男性間にのみ存在し、女性には耐え忍ぶことを求める構図を批判する。明治二一（一八八八）年の『日本男子論』では、「敬愛は夫婦の徳」であり、夫婦は利害や「苦楽喜憂」を共にするのはもちろん、相手に苦痛があれば「人力の届く限り」、それを分担する工夫をすべきであり、「己れの欲せざる所を他の一方に施こす」、すなわち自分がされたくないことを相手に行うなど以ての外である。「努〳〵《ゆめゆめ》あるまじき事」で、徹頭徹尾「恕の一義」を忘れてはならないという。[54]

福澤が考える夫婦とは、互いを愛する気持ち「愛」に加えて、互いを尊敬し包み隠さず情報を共有し、何事においても対等な関係で相談できる「敬」、相手の立場になって考え、自分が嫌なことは相手にも強要しない「恕」という三つの感情によって強く結びつくものであった。

（二） 男女交際の役割

こうした夫婦関係の成立に、重要な役割を果たすものが男女交際である。次に福澤は、男女交際について論じる。彼は近代社会を形成するものは、人と人との交際であると考えた。『学問のすゝめ』は「天は人の上に人を造らず、人の下に人を造らずといえり」で始まるが、第一七編（明治九年一一月）の大尾は「人にして人を毛嫌いする勿れ」で終わっている。[55]『男女交際論』（一九年）では、「人の世に在る、往来交際せざるべからず。往来交際せざれば社会存すべからず、社会存せざれば人間無きなり」と述べ、交際は人間を人間たらしめる重大な要素であり、女性も交際すべきことを説く。特に、男女は本来電気の消極と積極のように惹かれあうものであるという。男女交際には「二様の別」があり、一つは情感の交、情交であり、もう一つは肉体の交、肉交である。情交は「寛にして広」く働き、肉交の働きは「劇にして狭」いという性質の違いがあるが、どちらも「至大至重」で欠くべからざるものである。しかしこれまで「男女の間柄とは肉交の事」と考えられ、古今の学者は「局量」が狭く「夫婦別あり、男女席を異にすべし」という言葉をそのままに解釈して、この教えを守ることを人にも勧め、男女の関係を互に無関係な「貞」か、肉体関係まである「婬」に決めようとしてきた。だが実際には「貞と婬との中間その広きこと無限の際に無限の妙処あるを忘れたる者なり」、すなわち「貞」と「婬」との間に、男女の「濃なる」情感の交わりが存在し、「無限の妙所」がある。同性では「何の風情もなき事」であっても、異性であれば名状しがたい「無限の情」を催す。「男女の情交は肉交に離れて独立すべ」きで、そこに男女が互いの智徳を向上させ得る「文明男女」の交際があると主張する。[56]

知らず識らずの際に女は男に学び男は女に教えられて、有形に知見を増し無形に徳義を進め、居家処世の百事、予期せざる処に大利益あるべきは又た疑いを容れざる所なり。[57]

しかし、社会を発展させる男女交際を、儒教は「男女席を異にすべし」と否定する。福澤は『男女交際論』でも誰にでもわかりやすい比喩を用い、これまでの男女関係は、大礼服を着て会うか裸体で会うかの付き合いしか選択肢がなく、ひとたび大礼服を脱げばたちまち「裸体の醜を露わ」していた。しかし大切なのは「礼服以下裸体以上」の「千差万別、美衣の種類限りな」い服飾での交際であるという。[58]そこに「無限の情交」がある。男女間が互いに智徳を高めあう関係となってその精神的交流のひとつとして、夫婦関係が存在する。

(三) 家族団欒の価値

また福澤は前節で取り上げた明治初期から継続して、一家団欒、家族団欒に価値を見出している。次男捨次郎が山陽鉄道会社に勤務し神戸にいる際には「早く帰京し家族団欒一処ニ楽しみ度存候」(明治二三年一一月四日付書簡)と書き送り、三女の夫清岡邦之助の留学先には「老余之楽事ハ孫子之団欒たるを見るのみ」(明治二五年三月二五日付書簡)と認めた。[59]また書簡のやりとりだけではなく、明治二二(一八八九)年九月、一〇月には福澤夫婦、子、孫の家族一二人を含む総勢約二〇人で京阪東海地方を、二五年四月、五月にも妻、次男、三女、四女、五女、三男と共に京阪山陽地方を旅行したのをはじめ、好んで足繁く通った箱根や鎌倉には家族を何度も伴っている。[60]

普段は日記を記すことのない福澤が、道中日記は記しており、家族旅行としては明治二二年の京阪東海旅行のものが残っている。名所見物の様子などが詳しくユーモアを交えて語られ、富田正文氏は数日分ずつまとめて記されたと推測し、「文体から見て同行の幼少な子女や孫たちのために、後日の語り草とする積りで書いたものであろう」と述べている。

＊〔奈良の〕大仏の大なるは聞いたよりも思ふたよりも大にして、鎌倉の大仏などは赤んぼふに異ならず。三八、大四、愛作と太郎さんも柱の穴をくゞりて引ッかゝりもせず、万蔵も首尾能くぬけたるは平生正直なるが故ならん

(九月二五日条より)

＊〔京都黒谷で〕熊谷出家の後に用ひたりと云ふ大杵あり。是はおとッさんの力にても少々困る。熊谷がほんとふに之をもて米をつき餅をつきたるや、或は後世に作りたる法螺ならん

（九月二八日条より）

＊〔三井寺で茶屋の女主人の留守に、涼台に腰を掛けて弁慶ひきづりの釣鐘を見ながら〕此鐘を弁慶が比叡山のてつぺんから投り出してがら〳〵響渡る物音はさぞ凄まじきことなりしならんと評し合ふ時こそあれ、堂の外にがた〳〵ひッしと響く一声は、つりがねならで、先刻より婆さんの留主に腰をかけたる台の、古くして半くさりたれば、五、六人の目方にて底のぬけたるなり。是れはと驚き立上る中に婆も来り、縁起の絵などを買ふて、帰りに弁慶の汁鍋も見たり

（九月三〇日条より）[61]

また旅行だけでなく、子どもたちと馬車や人力車を仕立て、遠足にも出かけた。明治二一年一月の娘三人との蒲田の梅林見物は、自ら『時事新報』雑報記事にまとめ、「実に家族団欒の一快楽事なるべし」と結んでいることから、自ら楽しむとともに、団欒の模範を示す意図もあったことが知れる[62]。

福澤が新しい「家」の姿として人びとに「家族団欒」を促したことは、地方名望家に宛てた次のような書簡からも明らかになる。

＊目下之政熱ニ熱して奔走するが如きハ徒労のみならず、往〻祖先伝来の産を空ふするものさへなきニあらず。最も取らさる所なり。就ては富豪第一務ハ、先ツ家を治めて家族団欒之ホームを成し、ホーム既ニ成る上ハ、進んで其地方民を教るニ在り。

（明治二五年一〇月一六日付福島作次郎宛）

＊地方の事に付種々御勉強のよし、来書を見ても欣喜に不堪、御家族団欒、独立の生計、実に人間の至楽と存候。

（明治三〇年二月一〇日付同人宛[63]）

彼は、社会的地位が高く、地方において近代化をリードする役割を担う地方名望家の「第一務」は、「家族団欒」の「ホーム」を、人びとに伝播させることであると主張する。政治に夢中になり、選挙で票を得ることに先祖伝来の財産をつぎ込むような風潮を批判し、地方指導者の役割とは、自らが新しい「ホーム」を作り、それを示し、新しい近代社会を形成していくことであると述べている。

さらに明治二六（一八九三）年から二八年にかけての来客との談話をもとにして執筆された『福翁百話』（明治三〇年）第二二話「家族団欒」では、次のように述べる。

苦楽は家の苦楽にして人の苦楽にあらず……貧富共に家族団欒の至楽は、他人の得て知らざる所に存して唯自から享るのみ、人に語るべからざるものなり。西洋の語に之をスウィートホームと云う。楽しき我家の義にして……[64]

「一家」は苦しみも楽しみも分かち合う存在である。そこでは、苦楽は「家」の苦楽であって「人の」苦楽ではない。貧しくとも富めるとも「家族団欒」の喜びは、家族の一員であればこそわかるものである。

そして次の第二三話「苦楽の交易」では、結婚を勧めて次のようにいう。たしかに結婚すれば、それまでのように好きな時間に食事をして、都合のよい時間に就寝するというわけにはいかない。また病気にしても、それまでは自分の身についてだけ案じればよかったのが、相手のことも心配しなければならなくなる。

苦労の種の一つなりしものを二つにする姿にして双露盤の上には誠に割りに合わぬようなれども、左る代りに結婚後の楽しみは独身の淋しき時よりも一倍して尚お余りあれば、差引して勘定の正しきものなり……一人の子を産めば一人だけの苦労を増すと共に歓びをも亦増し……人生活動の区域を大にするものと云うべし。[65]

一見すると苦しみが増し損をするように思える結婚であるが、楽しみもまた独身の時に比べて倍以上になり、結婚とは差し引きして「余り」のある「勘定の正しき」ものである。また子育ても確かに苦労を増すものではあるが、また「歓び」も増し「人生活動の区域」を大にしてくれる。福澤は明治二〇年代の終わりになっても、家族を人びとの心に喜楽を与えるものとして描き続けた。福澤は晩年『福翁自伝』の中で、自分の家族について次のように語っている。

親が実子に向ても嫁に接しても、又兄姉が弟妹に対しても名を呼棄にせず、家の中に厳父慈母の区別なく、厳と云えば父母共に厳なり、慈なりと云えば父母ともに慈なり、一家の中は丸で朋友のようで、今でも小さい孫などは、阿母さんはどうかすると怖いけれども、お祖父さんが一番怖くないと云て居る……家の中に秘密事なしと云うのが私方の家風で夫婦親子の間に隠す事はない、ドンな事でも云われないことはない。子供が段々成長して、是れは彼の子に話して此の子には内証なんて、ソンな事は絶えてない。[66]

『福翁自伝』は多分に誇張しながら、伝記に託した次世代へのメッセージになっている。適塾時代や海外体験といった青年期の叙述に多くをさき、事実とは言い難い表現も交えながら、守旧的な陋習を代表する存在として中津を描いている点などに、彼の意図が感じられる。その観点から見ればこの家族像も、実際の彼の家族がどうであったかというより、晩年に彼の理想とした家族が「朋友」のようで隠し事のない家族であったということが指摘できよう。

「一身独立」は福澤の近代化構想の条件であったが、しかし長年の封建制度下での慣習や、急速な変化に対する「マインド之騒動」などを克服しながら「一身独立」を成し遂げることは、容易ではなかった。明治一四、五年になると、政府により儒教主義的な男女関係に基づく夫婦像が描かれ始める。それに対し福澤は、近代社会を形成する「一家」は、「一身独立」した男女が交際を通じ形成する家族、愛・敬・恕によって結ばれた夫婦を核とした団欒のある家族であることを明示した。江戸時代における「家」や儒教主義規範に基づく家族からの転換を促すことによって、人びとが主体となる近代国家形成を実現しようと考えた。

四、フリーラヴと現実

（一）フリーラヴの理想

福澤の考える近代の家族は、これまで見たように夫婦間の愛・敬・恕の感情に始まり、家族団欒があり、家族を構成する人びとにとって、家族の存在は差引すれば必ずプラスになるものであった。明治初年に「一身独立して一家独立し、一家独立して一国独立し、一国独立して天下も独立すべし」と主張した彼が、『学問のすゝめ』第三編の小見出しを「一身独立して一国独立する事」と記したことから、ひろたまさき氏や早川紀代氏は、福澤の関心が国家と個人の関係に移り、妻が家長権に吸収された、あるいは「一家独立」は捨象されたと分析した[67]。しかし、明治一一年に執筆した『通俗国権論』で、第一章総論を「一家の本は婦人に在り、一国の本は民に在り」と書き出し、第二章では「一国は猶一家の如し」として「一家」と「一国」を比較する手法を用いるのは、「一身」と「一国」を結ぶ線から「一家」を排除せず、個人から始まる国家の成立を理解するために、変わることなく最小の社会として、独立した「一家」を想定しているからである。[68]さらに二一年の『日本男子論』では「国の本は家に在り。良家の集る者は良国にして、国力の由て以て発生する源は、単に家に在て存すること更に疑うべきに非ず」と「家」が「国の本」であること、良家の集合体が良国であり、「国力」が発生する源は「家」にあると述べる。[69]そして「一家」の重要性は、最晩年の明治三三年二月に慶應義塾が発表したモラルコード「修身要領」にも貫かれている。[70]

「修身要領」は、晩年「俗界之モラルスタントアルドの高からざること、終生之遺憾」（明治二九年三月三一日付日原昌造宛書簡）であった福澤が、門下生の石河幹明、小幡篤次郎、門野幾之進、鎌田栄吉、土屋元作、日原昌造、福澤一太郎に要請して起草させ、福澤の意見も反映させてまとめ上げたもので、「全国男女の気品を次第々々に高尚に導いて真実文明の名に愧かしくないようにする」（『福翁自伝』）ための道徳綱領であった。[71]全二九条は「独立自尊の主義」によって貫かれており、「心身の独立を全うし自から其身を尊重して人たるの品位を辱めざるもの、之を独立自尊の人と云ふ」（第二条）「自から労して自から食ふは人生独立の本源なり。独立自尊の人は自労自活の人たらざる可からず」（第三条）と、「独立自尊」という言葉を用いて、個人の精神的な自立と経済的自立を説くことに始まり、第一三条では「一家」に及んで、次のように述べる。

一家より数家次第に相集りて社会の組織を成す。健全なる社会の基は一人一家の独立自尊に在りと知る可し[72]

これまでに見たような福澤の楽観的な家族観と対照的であるのが、内村鑑三の家族観である。内村は現実的な嫁姑問題や儒教主義の影響を考慮して、日本の家族は貧富を問わず争いがあると言い(「日本の家庭組織」『護教』三七八号、明治三一年一〇月二二日発行)、家庭は「日本人最大多数」にとっては「幸福な処」ではなく「忍耐の所」であるという。幸福な家庭や社会を作るには、まず各自が「幸福の灯火」となることが必要で、各々が信仰心によって苦痛にも容易に耐えられるようになり、心の中心に「歓喜と満足と平和」を持つようになれば、幸福な家庭や社会を形成できるようになるという(「家庭問題」『新希望』七四号、明治三九年四月一〇日発行)。後者では、外国人、特に米国の宣教師たちが家庭の「組成法」を教えずに「機械的製作法」を教えたと批判している。

福澤は家族は争うことがないといい、内村は家族には必ず争いがあるという。しかしながら両者に共通するのは、個人から家族が語られることである。家族の前提となるのは、個人の存在であり、家族は個人の感情によって形成される。福澤にしても内村にしても、求めているのは個人が尊重された新しい家族である。近世までの「家」とは異なる新しい「一家」は、客観的な条件によって成立するのではなく、人と人との間の感情によって成立すると考えられている。内村は信仰心によって得られる感情が、幸福な家族を形成すると捉えるが、福澤は、家族を争いがなく互いにわかりあえる睦ましい関係に為し得るのは、「天の然らしむ所」の感情と捉える。信仰は自らと神との対峙だが、「天の然らしむ所」は「人力」では左右できない。家庭を「忍耐の所」とまでいう内村は、自己の努力の先に到達できる家族の姿を描いているが、福澤の愛・敬・恕による夫婦から描かれる家族は、どこに向うのであろうか。

彼は『福翁百話』第二〇話「一夫一婦偕老同穴」のなかで、次のように述べる。

> 男女相遇うて夫婦と為るは愛情を以てするのみ、その情尽れば即ち相別るべし、双方体質の強弱、意志の緩急、歳月の間に変化なきを得ず、随てその交情にも自から変化を生ずるは自然の数なるに、然るに今その既に変化したるものを強いて室を同うせしめんとするは天然の約束に背くものなり、愛情相投ずれば合して夫婦と為り、その情の尽るを期して自由に相別れ、更らに他に向て好配偶を求むべし云々とて、この説を名けて自由愛情論《フリーラヴ》と称す[73]

夫婦は愛情をもって夫婦となるのであるから、その「情」が尽きたときには、当然相別れるべきである。歳月を経れば双方の体や心の状況は変化し、「交情」もおのずから変化するのは「自然の数」である。心がすでに変わっているのに、無理に関係を続けるのは、「天然の約束」に背いている。ゆえに究極の男女関係は、愛があれば夫婦となり、その情が尽きれば別れ、別のよりよい配偶者を求めるという、「自由愛情論」（フリーラヴ）に基づく関係である。

自由愛情論は、『福翁百話』掲載（明治二九年四月三〇日）より一〇年前の『時事新報』社説にも登場する。一九年七月二八日掲載の「離婚の弊害」で、『福澤諭吉全集』（岩波書店、昭和四六年〜四九年再版）には掲載されているが、原稿は現存しないので、福澤の執筆によるものかは確定できない。ちょうど彼が、五月二六日から六月三日で「男女交際論」、六月二三から二六日で「男女交際余論」の連載を終えたところであった。この論説では次のように述べられる。

> 男女相愛するは人の天性なりと雖ども、其相愛するの情は時に或は変化せざるを得ず。相愛するに聚りて愛の尽くるに散じ、互に其旧愛を去て互に其新に愛する所に就き、聚散去就は唯男女の撰ぶ所に任じて、随時其愛する所を愛するを妨げず、之をフリー・ラヴ（相愛の自由）と云ふ

愛情は不変ではなく、時に応じて変化する、男女の「聚散去就」はその愛する心に従って選択するのに任せるべきで、「愛する所を愛する」という行為は常に妨げられるべきではない。

> 文明世界にては人間の意の自由を妨げざるを貴ぶが故に、フリー・ラブ〔ヴ〕の風習を養うこと大切なりとの説なり。或は人間の本性より論ずれば、フリー・ラヴの方道理に適して、人間社会も此フリー・ラヴの行はるゝに至りて始めて完全の人間社会なるべし[74]

人間の意志の自由を尊重しようとすれば、道理に適するのはフリーラヴである。フリーラヴが行われるようになって、初めて人間の文明は完全なものになる、というのである。

しかし、この社説の主旨は、フリーラヴの実現をすぐに目指そうとするものではない。確かに究極の理想としてフリーラヴが存在するかもしれないが、「今日の実際」においてはとても実行できるものではない。その理由は、男女が別れた後の子どもの教育が問題になるというようなことではない。子どもの教育は、施設や費用等の対策をとればよい。問題はそのような点ではなく、フリーラヴに依れば「意」のままに簡単に結婚し、簡単に離婚してもよいと誤解されることである。フリーラヴが実行されたら、男性たちは女性に対する身勝手な行為に対して保証を得たと考えてしまう。フリーラヴの精神とは、不幸にして二人の間に「純粋なる愛情」がなくなったときに、無理に関係を維持することは別れるより弊害が大きいので、自由に別れさせるべきであるとするもので、本来は容易に離婚すべきではなく、離婚をすることがないようにすべきである。

『福翁百話』も同様で、自由愛情論は受け入れるべき議論のようではあるが、古来「偕老同穴」は「人倫の至重」として習慣をなしているものである。現状では、「自由愛情」が「天の命ずる所なり道理に背くものに非ず」といえども、世間が「自由愛情」を「醜なり不徳なり」と認める以上、実行することはできないという。

彼の自由論の如きは心に思うべくして口に言うべからず、仮令い思い切って口に云うも断じて実際に行うべからず、開闢以来今日に至るまでの進歩に於ては、一夫一婦、偕老同穴を最上の倫理と認め、苟も之に背くものは人外の動物として擯斥すべきものなり。[75]

つまり、フリーラヴは究極の理想ではあるが、実際に行うべきものではなく、今日までの文明の進歩を鑑みれば、進歩に即した最上の倫理は「一夫一婦」と「偕老同穴」である。現実的な理想は「一夫一婦」「偕老同穴」であり、これに背くものは人間ではなく動物である。

ここに大きな矛盾が生じる。彼の近代化構想は、「一身独立」に始まり、最も尊重されるのは、「一身」であるべきである。そうであるならば、家族関係、あるいはその元となる夫婦関係は、個人の意思が最も重要であり、常にそれに基づくべきである。フリーラヴの実現こそ、目標となろう。しかし現実には、夫婦の姿も文明の現状に合わせなければならないとし、実現すべきは「一夫一婦」であり、「偕老同穴」であるという。人びとはフリーラヴのためではなく「一夫一婦」「偕老同穴」を維持するために、努力しなければならない。

福澤は、なぜ当時における「最上の倫理」として、自らが近代的な夫婦関係成立の必須条件とした、感情を最優先する「フリーラヴ」ではなく、「一夫一婦」および「偕老同穴」を主張するのか。

（二）男女平等と一夫一婦

彼が「一夫一婦」を主張するのは、ひとつには男女が平等でなければならないからである。すでに述べてきたように、彼は「中津留別の書」で「又男といい女といい、等しく天地間の一人にて軽重の別あるべき理なし」と男女の平等を説き、男女の価値が等しいことは「開闢の始」の「一男一女」以来男女同数が生を受けていることが証拠であり、この夫婦とあの夫婦とでは別け隔てのある一夫一婦でなければならないと主張した。その後『学問のすゝめ』第八編では男も女も人であり、『日本婦人論　後編』では「男子の為す業にて女子に叶わざるものなし」「人は万物の霊なりと云えば、男女共に万物の霊なり」「男子の口にも婦人の口にも芥子は辛くして砂糖は甘し」と誰もが理解しやすい言葉で、男女が平等であることを主張し、ゆえに男性が妻以外の女性と関係を持つことは許されるべきではないと主張した。[76] 男女同数論は「中津留別の書」や前掲『明六雑誌』だけでなく、明治二一（一八八八）年の『日本男子論』でも次のように述べている。

扨一夫多妻、一婦多男は果して天理に叶うか、果して人事の要用臨時の便利にして害なきものかと尋るに、我輩は断じて否と答えざるを得ず。天の人を生ずるや男女同数にして、この人類は元と一対の夫婦より繁殖したるものなれば、生々の起原に訴るも今の人口の割合に問うも、多妻多男は許すべからず。[77]

彼はすでに明治三年の「中津留別の書」のなかで「男子に二女を娶るの権あらば、婦人にも二夫を私するの理なかるべからず」と、男性のみが妾を持つことの理不尽さを説き、男性たちに女性の立場になって考えるよう促している[78]。しかし、前述のように明治政府は新律綱領や改定律令において、妾の存在を公的に認めた。政府は現実への対応を優先して、その問題性を認識しなかったのである。明治一三年公布の旧刑法では、条文に「妾」は登場しなくなるが、存在自体がなくなったわけでも、少なくなったわけでもない。福澤は繰り返し、男女は平等ゆえに、夫婦は互いに対等である一夫一婦でなければならないと主張し続けなければならなかった。特に『日本男子論』や『福澤先生浮世談』といった男性読者を意識した著作では、「多妻法」という言葉を用いて強く批判している[79]。一夫一婦が確立しない限り、夫と妻は平等に成り得ず、福澤が描くような男女が対等な近代社会は成立しない。

(三) 対外問題と一夫一婦

一夫一婦の確立はまた、単に夫婦間の問題ではなく、条約改正を視野に入れた日本の外交上の問題でもあった。幕末に徳川政権が諸外国と結んだ条約は、関税自主権がなく治外法権が認められた不平等な条約であったが、外国人に対して内地が解放されていた訳ではなかった。そこで条約改正問題に絡み、国内の通行や居住の自由をいつからどの程度認めるのかが議論になっていた。

福澤は当初、外国人の内地雑居には反対していた。明治一一年の『通俗国権論』では、「日本人の守るべき法度」は当然外国人も守るべきであるのに「治外法権（エキステリトリヤリチ）」が認められている、幕末には「日本は日本人の日本」であるのに外国が難題をしかけてくるような状況があったが、現在もその状況に大きな変化はなく、自分の宿説では「外国人の内地旅行雑居等」は時期尚早であるという。

西人云えることあり。法律は習慣より生ずと。余は則ち云く、法律は習慣と並び行われて、習慣の力以て法を制すること多しと。……然るに今外国の交際に於て、日本人と外　人との関係を理するものは唯一片の法律あるのみにして、習慣の力は毫も働を為すこと能わず、その関係次第に繁多なるに従い、如何なる不都合を生ずべきや、損害は常に我方に在ること多かるべし[80]

西洋人は習慣から法律が生まれるというが、習慣が法律に勝ることも多い。現在外国との間には法律だけがあり、まだ習慣が作られていないので、繁多に関係を結ぶようになると、当方が損害を被ることが多いであろうというのである。外国人が日本の習慣を守ろうとしなければ、たとえ法律を整え、条約改正にまで臨んだとしても、運用上では大きな問題が残る。

ところが明治一七（一八八四）年頃から、『時事新報』の社説は経済の活性化の観点から、内地雑居を積極的に進めるべきであると主張するようになった。『時事新報』の社説は、周知のように福澤が直接執筆したか否かは定かではないが、創刊号「本紙発兌之趣旨」で社説には責任を持つと明言している以上、創刊から二年という早い時期に、福澤の持説と全く異なる社説が掲載されるとは考えられない。明治一九年四月二一日および二二日の社説「全国雑居」は、雑居の区域を無制限とし、外国人に対し公債証書の売買や株券の所持、土地建物等の不動産所有も日本人と同様に認めるという徹底したものであった。五百旗頭薫氏は、福澤が「日本の法律・規則と裁判制度が進歩しつつあることをより素直に認め」、彼の条約改正論の基礎にあった「内外の法律・規則・習慣の根強い違い」が「急速に薄まっているという認識」が「内地開放に対する抵抗を弱めた」と分析する。そして一七年以降、「報知〔『郵便報知新聞』〕派と福澤諭吉・時事新報」は「徹底した西洋化による有利な法権回復を唱え、欧化主義を在野において推進した」という。[81]

内地雑居推進論へと転換するにあたり、問題として浮上したのは、日本における家族のあり方であった。妻に子どもができない、あるいは生活に余裕がある男性たちが、日本の「習慣」として妾を持つことは普通のことであった。それに対し、キリスト教を背景に持つ西欧諸国は一夫一婦制であり、妾の存在は認められない。英国では、チャールズ・ディルク Charles W. Dilke のように、政治家が女性問題で失脚することすらあるのに、[82]日本では政府高官でも妾を囲うことに対して何の罪の意識も持たない。のちに『万朝報』は「蓄妾実例」という連載記事で、伊藤博文をはじめとする政財界、教育界、文学界などの著名人の妾の実名や年齢、親の職業などを暴露したが、実例には事欠かず、掲載数は五百に達した。[83]内地雑居によって、外国人にこうした日常生活を知られることは、文明国として条約改正に臨みたい日本にとっては不利であった。福澤は我国の男女関係の「醜態」をそのまま外国人の目前にさらし「満世界に評判せらるゝ」のは「国光上の一大汚点」であり、

「日本国民として断じて忍ぶを得ず」、少しでも早くこれを矯正しなければならないと考えるようになった[84]。「一国独立」のためには、家族の姿もある側面では西洋に準じなければならなかったのである。

内地雑居という政治的目標を掲げた彼は、明治一八年の『品行論』、二一年の『日本男子論』、三一年の『福澤先生浮世談』等の著作において、妾をもつ、あるいは買春をすることがいかに恥ずべき行為であるかを説く。『日本男子論』では、世界は「西洋文明の風」に吹かれており抵抗することができないので、「今日の文明説」に従い「一家の私の為め一国の公の為めに」西洋文明が主張する一夫一婦であるべきと主張する[85]。『福澤先生浮世談』では読みやすい口語体で多妻多妾を非難し、一夫一婦確立の急ぐべきことを述べる。

一夫一婦の人間界に還るは、人獣分け目の堺だ。御多分に従て禽獣の方に附きますと云う馬鹿者もなかろう。私は構うことはない、生涯有らん限りミシ〳〵遣付けて遣る。夫れに返す言葉があるなら反駁して見ろ。日本国中の者を相手にして、私が独りで返答してはね飛ばして見せよう[86]

ただ彼は、実際に一夫一婦を実現する前に、文明国の体裁として人びとの認識だけでも変えようと考えるあまり、次のように発言して批判される。

百千年の後世、学者の常に云うゴールデンエージと云う時になったらば、本当に一夫一婦になるか知れぬけれども、ソレを只今遣ろうと云うのは無理な注文、行われるものでない。行われるものでないから、私の第一番の願は、先ず隠して呉れろ、秘して知れないようにして呉れろ、ソレが第一番の手始め……今の日本の多妻法を罷めにすると云うことも、この禁酒のような塩梅式にして、始めは先ず之を隠して、自分は実に悪い事をして居ると心の中で赤面しながら、罷よう〳〵と心掛けて勉強すれば、到頭仕舞にはソレが止むような事になる。[87]

西洋でも一夫一婦といいながら、実は妻以外の「女性」がいることはそう珍しくはない。しかし日本との大きな違いは、それを「大秘密と云うその中の極秘密」でわからないようにすべて隠し、「見た所が奇麗」な点である。福澤は、一夫一婦へと向かう過程を禁酒になぞらえて、次のように説く。大酒飲みがいきなり今日から禁酒をしろといわれても、できるわけがない。禁酒を成功させるには、飲酒は毒であるということを十分に認識したうえで、集会の席では飲まない、人前では飲まないと徐々に酒量を減らし、最後に禁酒に到達する。蓄妾についても同様で、まずは悪いことをしている認識を持って隠すようになることが必要である。

しかしこれは、彼にとっては一時的な対処の積りであっても、一夫一婦に達するのが「百千年の後世」「ゴールデンエージ」では不可能と考えているに等しく、結局は、妾の存在や売買春の存在そのものを認めていることになる。明治三〇（一八九七）年七月に刊行された『福翁百話』では、究極としてフリーラヴを対置し、現状として一夫一婦を目指すと記していたことに比べても、女性の社会的地位という点ではさらに後退しているといわざるを得ない。多くの研究者から、二重規範を生む福澤の議論の限界性が指摘されるところである。

彼は「眼前外国人から軽蔑されると云う恥辱」を受けないことに躍起になって、「多年来の習慣」を変えるために現実的な選択を行ったといえるが、それが根本的な解決までを導き出す保証はなかった。[88]むしろ、現実がそうであったように、妾の許容と解釈される危険性の方が高かったといえる。むろん彼も日本の近代化において、近代国家を支える公徳を形成するための私徳の涵養が重要であると考えていた。ゆえに、表面上だけを取り繕えば事が足りると考えていたわけではなく、いずれモラルとして習慣化されなければ意味をなさないことはわかっていた。しかし内地雑居が目前に迫れば、外交上の急務は、外国から非難や蔑みを受けないよう、たとえ表面上であっても、「一夫一婦」の形に家族を整えることであった。「独立の体面を維持して日本国の栄名を不朽に伝うる」ためには、二妾三妾を蓄え、甚だしくは妻妾同居などが行われている状況をとにかく隠し、隠すことによって、人びとに罪悪感を覚えさせることであった。[89]

だが、彼にいかなる戦略的な意図があったとしても、表面上だけ取り繕った家族の姿は、彼が描いたはずの「一身独立」から「一家」「一国」へという近代化構想のなかに位置づけられるものではない。彼の描いた近代化を実現するものであれば、たとえ時間がかかろうとも、小手先だけで繕うのではなく、人びとの意識の根本からの改革を企図しなければいけなかったといえる。

(四) 離婚と偕老同穴

福澤は『日本婦人論後編』(明治一八年)で、夫婦について次のように述べる。

一代の夫婦にて一代の家を興し、系図も夫婦の系図にして財産も夫婦の財産なれば、双方力を協せて生涯を終るべし。之を偕老同権の夫婦とは申すなり。[90]

彼の思い描く夫婦は、二人の男女が出会い、対等に力を合わせて家族や財産を作り、互いに生涯の伴侶となって人生を終える。すなわち「偕老同穴」(ここでは「偕老同権」)がその理想的な姿である。

彼が主宰する『時事新報』は、明治一九(一八八六)年五月から六月にかけて「男女交際論」「男女交際余論」を掲載した後、一九年七月二八日、二九日、三〇日と、三日続けて離婚に関する社説「離婚の弊害」「離婚の原因」「離婚を防ぐの法は男女交際に在り」を掲載した。「離婚の弊害」では、前述のようにフリーラヴこそが道理に適し「完全の人間社会」でのあり方であろうが、今日の実社会ではフリーラヴの実行は望まれない。古来日本の婚姻法では、結婚に際しても離婚に際しても、愛情の有無が問われない。これは「当世社会の大悪事」である。不幸にして「純粋なる愛情」を存続することができないなら、無理に婚姻関係を続ける方が離婚するより弊害は大きいが、しかし離婚は「人間世界の幸福にあらざること」は疑いない。日本では妻に罪がなくても夫から一方的に離婚される。これを正そうとするなら、原因を看破して根治すべきであると主張する。翌日の「離婚の原因」では、日本では西洋と異なり男女交際がなく、あらかじめ相手を知り、二人の間に愛情を育んでから結婚するということがなく「抽籤の如く」決まるので、夫婦間も「伉儷の親密なるものを覚ふる」関係になれない。肉体外貌の美醜によって結婚を決めるから、女性がしばしば放逐されるといい、我が国で夫婦間の「情味」が濃厚なのは、協力しあって悪事を重ねる盗賊の夫婦であると皮肉っている。さらに翌日の「離婚を防ぐの法は男女の交際に在り」では、日本の場合は男女の交際がないので、お互いに相手をよく知ることも不足するし、また周囲の人びとが結婚や離婚に対して何の感想も持たないという。すなわち、これらの社説は日本における離婚の容易さ、しかもそれが男性から一方的に行われることを問題視し、『男女交際論』を補強して、夫婦間は「情」が存在することが重要であり、離婚を避けるために「情」を育む男女交際が大切であることを主張している。

明治二一年の『日本男子論』では、日本では男性に多妻が許されて咎めるものがないので、容易に結婚し離婚することになると、次のようにいう。

〔一夫多妻は〕容易に結婚して容易に離婚するの原因と為り、親子の不和と為り、兄弟の喧嘩と

為り、之を要するに日本国には未だ真実の家族なきものと云うも可なり[91]

簡単に結婚し離婚するような家族は、「情」によって結ばれておらず、仲睦まじい関係も構築できず「真実の家族」ではない。

そして晩年の著作『福翁百話』(明治三〇年)や『女大学評論・新女大学』(明治三二年)では、『詩経』が出典の、ともに老い同じ穴に葬られるという意味の「偕老同穴」という言葉を用いて、近代における夫婦のあるべき姿は生涯同じ相手と添い遂げることと主張する。[92] 彼は多くの離婚が、「情」の有無が問われた結果ではなく、子どもが生まれない、家風に合わない、舅姑が満足しないといった妻だけの責任ではない理由で、夫の側から一方的に行われるものと捉えており、「偕老同穴」の主張は、夫の身勝手による離婚を認めないということに端を発している。[93]

明治前半、日本の離婚率は人口一〇〇〇人あたり三・四件前後と欧米諸国よりも高く、特に農山漁村の一〇代後半くらいで結婚した若い男女に多かったとされている。[94] 離婚率は宗教的背景も大きく影響し、結婚が法的に整備されているか否かにもよるので、欧米との比較は簡単にはできないが、しかし若い男女に多かったことは、他にも森安彦氏の世田谷太子堂村の分析結果などの事例報告がある。森氏によれば幕末維新期の同村の離婚一五件のうち、一〇~二〇代が三分の二を占め、四〇代以上の離婚者はない。離婚理由としては、約半数の八件が子どもがいないことを理由とするものであり、他には婚家もしくは実家の窮乏、そして夫婦仲の悪さと続く。[95] さらに武家の場合は『寛政重修諸家譜』に基づき、脇田修氏は三河松平家一二五家の事例から、離婚率が全婚姻数の約一〇％で再婚率がほぼ五〇％に及んでいることを明らかにし、浅倉有子氏の大名一〇〇家・旗本一〇〇家の分析では、脇田氏の分析よりさらに数字は上がり、離婚率が一一・二三％、再婚率は五八・六五％に及んだ[96]。

こうした離婚のあり方、すなわち若くして離婚し再婚するという方法は、結婚が継承者を獲得するためのものであったことを示している。江戸時代までの「家」は存続を第一の目的とし、親子に代表される縦の関係を中心に組み立てられ維持された。農工商にとって結婚は、「家」に属する新たな労働力の獲得と創出でもあった。それゆえに離婚は、「家」の存続に貢献できる家族を選別した結果であるということができよう。継承者獲得という目的を達し得なかったならば、その結婚は意味がない。このような結婚や離婚のあり方は、女性を男性と対等な存在とは認めず、あたかも子どもを産む機械のように見做し、男女両性の責任であるはずの子どもの誕生を、一方的に女性に要因を求めるものであった。特にともに担うべき「家業」を持たない武家の女性は、男児を出産できなければ大きな苦痛を強いられた。福澤は『日本婦人論　後編』のなかで次のように述べ、相続のための結婚や、世間に流布する「腹は借物」（女性を「家」の正式な一員とせず、子孫を得るために腹だけを借り、不要となれば、いつでも「家」から出す）という考えは、女性に対する蔑視であると批判している。

世間の習慣として婦人を軽ろしむるの第一に劇しき言葉は、妻を娶るは子孫相続の為なりと云い、その言葉の勢を察するに、釜を買うは飯を炊くがためなりと云うが如し。左れば飯さえ炊かざれば釜は買うに及ばず、子孫さえ求めざれば妻も亦不用なりと云わざるを得ず……或は釜の代りに鍋もて飯を炊くべきなれば、妻の代りに妾を召使うも可なり。又は台所に釜は一つにても鍋の多きを厭わざれば、奥に本妻一人にして妾は幾人も差支あるべからず。畢竟人の身体を道具として視るものなり。

〔子どもは〕真実正銘、父母の骨肉の一部分にして、正しく平等に分たれたること疑もなき事実なれども、之を知らぬ顔して腹は借物など云うは、唯婦人を無きものにせんとするの口実たるに過ぎず。[97]

ここでも福澤はわかりやすい表現で、女性はいわば飯を炊くための釜にみなされているとし、飯を炊かない場合は不要とされ、また飯は鍋で炊くこともできるので、台所に釜はひとつでも鍋はいくらあってもよいなどと捉えられると、その境遇について述べている。

福澤が「偕老同穴」を主張をする理由は、この離婚における不平等にある。離婚の権限を夫のみが持ち、女性は「家」の継続のために出産能力が（福澤流に表現すれば女性の「腹」が）利用され、結果が得られないとなると男性側から一方的に「三行半の一片紙」で離婚を告げられる。彼はそのような、女性にとって理不尽な「日本の慣行」は許されないと考えた。「日本婦人論」のなかで、西洋では「離婚の法などは最も厳重」であり容易には許されず、いわれもなく妻を放逐することはできない。またやむを得ない事情がある場合でも、まずは別居が命じられて調停が行われ、一両年試みてもだめな場合に離婚にいたる。日本も「離婚の権は夫婦共に同様」であるべきであると主張している。[98]

実際には、明治六年五月の太政官布告一六二号によって、妻からの離婚請求が認められるようになり、村上一博氏の『明治離婚裁判史論』によれば、現に妻側からの離婚請求も行われている。[99] 福澤がいうように、男性のみが一方的に権限を持っていたわけではないが、彼の感覚では、人びとは「世間の習慣《ならい》」として「妻を娶るは子孫相続の為なり」と考え、妻が「子孫相続」を実現できなければ、一方的に離縁された。彼はそうした「家」や男性側の論理による離婚を許してはならないと考えていたのである。

ただし、福澤の主張する「偕老同穴」は生涯添い遂げるという意味で、「貞女は二夫にまみえず」という意味合いはない。むしろ妻を亡くした夫には、周囲の人びとも配慮し、すぐに再婚の道が開けるのに対し、夫を亡くした妻の再婚は難しいことを批判している。門下生で横浜正金銀行などで活躍し、慶應義塾塾長も務めた小泉信吉が亡くなって二年が過ぎても、妻ちかがひとりでいることに対し「憐む可きハ寡居之婦人」で、もし逆であればすぐに再婚話がでて、もう結婚しているころであるのに、「おちかさんが女性なれバとて」人びとが顧みないのは、「誠ニ不相済事」と知人に相談を申し入れている。[100] 長女の里《さと》も結婚して、二八歳のときに三七歳の夫をなくしたが、父である諭吉は盛んに再婚を勧め、里はむしろそれが嫌であったと回想している。[101] 彼は「新女大学」において、偕老同穴は夫婦の約束ではあるが、夫が早くこの世を去り、妻がまだ二〇代、三〇代の場合には再婚した方がよい。「寡居」を「婦人の美徳」であるとし、「貞婦、二夫に見えず」など根拠もなき愚説」を主張して再縁を防ぐのは遺憾である、と述べている。[102] これに対しては木下尚江が、福澤の愛情は「只だ物質的、肉慾的のみ」で「精神的、理想的の高尚優美なる者」を理解しないので、女性に対しても安易に再婚を勧めると批判している。[103] 福澤の再婚に対する意識からもわかるように、彼が離婚を不幸とし「偕老同穴」を主張するのは、女性の権利を守ろうとするためであった。感情に従うフリーラヴ実現の前に、男女間にはまだ是正すべき不平等があると考えていたのである。

また彼が「偕老同穴」を主張するもうひとつの理由は、「一家」が持つ機能に由来する。彼の近代化構想では、後述のように「一家独立」は「一身独立」を補完する機能を持つものであった。それゆえに、彼は「一身」と「一国」の間に「一家」を介在させ続けたのである。「一家」が「一身」を「一国」へと展開させる媒体としての機能を持つのであれば、「一家」が継続的に存在することが、「一身独立」においても「一国独立」においても重要になる。

第三章　家族の持つ機能

一、私徳の涵養の場としての「一家」

（一）「家の美風」と徳教

第一章では文明のひとつの指標となる家族について、明治以降一〇年頃までの間に福澤がどのような姿を描いていたのかを考察し、第二章では、彼が理想とした家族の形態や紐帯と、明治政府による家族像の形成について考察した。本章では彼が近代化過程における家族に寄せていた期待、すなわち福澤は、近代社会および近代国家形成において「一家」がどのような機能を持つと考えていたのか、それらの機能を付与することによって、彼の家族論のなかに、いかにフリーラヴと偕老同穴のような相対立する要件が生まれていったのかについて考える。

明治三（一八七〇）年に著した「中津留別の書」で、彼は次のように述べている。

子を教るの道は、学問手習は勿論なれども、習うより慣るゝの教、大なるものなれば、父母の行状正しからざるべからず。口に正理を唱るも、身の行い鄙劣なれば、その子は父母の言語を教とせずしてその行状を見慣うものなり。況や父母の言行共に不正なるをや。如何でその子の人たるを望むべき。孤子よりも尚不幸というべし。[1]

子どもは親の「行状」を見て育つ。ゆえに親が口で「正理」を唱えても行動が「鄙劣」ならば、行動の方を見習ってしまう。ましてや言行ともに不正な親をもてば、その子は「人たる」ことも望むことができず、親がいないより不幸である。

また明治九年一〇月発行の『家庭叢談』では「家庭習慣の教えを論ず」を掲載し、家庭教育の重要性を説いている。この論説ではまず「世に居て務むべきの仕事」は五つあるという。第一に一身を大切にして健康を保つこと、第二に活計（生計）の道を求めて衣食住に不自由なく生涯を安全に送ること、第三に子どもを一人前の男女に育て上げ、将来父母となるのに差支えがないようにすること、第四に人びとが互いに公利を謀り共益を起し、力の及ぶ丈けを尽してその社会の安全幸福を求めること、そして第五には第四まででは得られない「心身の活力」を引き立てるための快楽である月見、花見、音楽舞踊といった「世の中の妨げとならざる娯み事」を、機会を見つけて行うことを挙げる。第一および第二は「一身独立」に通じ、第四として「安全幸福」な「一国一社会」、すなわち「一国独立」への努力を挙げる。その間に第三として、子どもを次世代の親になることができるように育むことを位置づけている。この論説の趣旨は表題に示されるように、そのための家庭における習慣の重要性を説くところにある。五つの仕事を充分に果たすことは難しいが、なるべく果たすことができるようにするのが「教育」であり、教育とは単に読み書きを教えるだけではなく「能力の培養」であるという。人は生れてから成人するまで、父母の言行によって養われ、学校の教授によって導かれ、「世俗の空気」によって成長する。なかでも「幼少の時見習い聞き覚えて習慣」となったことは、「深く染み込」んで「容易に矯め直しの出来」ないことである。しかし世間では「家庭教育の大切なること」がわからず、容易なものであると誤解する親も多い。自身の所業を等閑視してはいけない、という。[2]

こうした彼の主張がよく表われているのは「徳教は耳より入らずして目より入る」「徳教は目より入りて耳より入らず」の言葉である。[3] 子どもに徳教が備わるか否かは、周囲の大人たちがどのような態度を見せていくかに懸っている。特に親子関係のもと、両親が見せる言動は大きな影響を及し、両親の所業いかんで子の成長が左右される。「徳教」、モラルは家庭において涵養される。「一身独立」の要件となる精神的自立を果たすためには、徳を修めることが必須であり、「一家」はそのための場となるのである。「一家」の持つ教育機能が、「一身」の独立に作用する。

ただ、ここで留意すべきことがある。福澤は「一家」において徳教が行われる背景に、しばしば「家風」の存在を見る。明治一二（一八七九）年の五月から七月にかけて執筆された、英国型の議院内閣制度の必要性を論じた『民情一新』のなかで彼は、日本の「下等社会の家族」では子どもは容易に年長者の命に従わず、また多くの父母が子どもを打擲するのに対し、「上等家族の子弟」は父母の機嫌を見て「喜懼」を催すという大差がある。その「由縁」は「唯習慣の家風にして、上等家族の親子は相互によく容れて迫らず、相親て犯さゞる者のみ」と、「家風」による差異であることを述べている。[4]この部分は、同年七月執筆の『国会論』にも、そのまま引用されている。『民情一新』全体の議論からいえば、福澤の意図は「下等社会の家族」と「上等家族の子弟」の階層性を明示することにある訳ではないが、しかし「習慣の家風」に着目した議論であり、「一家」が「家」というまとまりで独立した性格を持つことを強調することになる。

また明治一五年一一月に刊行した『徳育如何』では、彼は次のように発言する。

人の智徳は教育に由て大に発達すと雖ども、唯その発達を助るのみにして、その智徳の根本を資る所は、祖先遺伝の能力と、その生育の家風と、その社会の公議輿論とに在り[5]

教育は智徳の発達を助けるに過ぎず、結局資質は、「祖先遺伝の能力」「生育の家風」「社会の公議輿論」による。彼は明治一八年の「日本婦人論」の冒頭で、日本女性の心を活発にして身体を強壮にし「好子孫」を求めるための人種改良論を説くことからも明らかなように、遺伝について高い関心を持っていた。ただ、単に遺伝だけを取り上げるのであれば、「一身」に関わる個人的な要素ともいえる。しかしここでも、「生育の家風」を併記して「一家」としての性格を重視する。

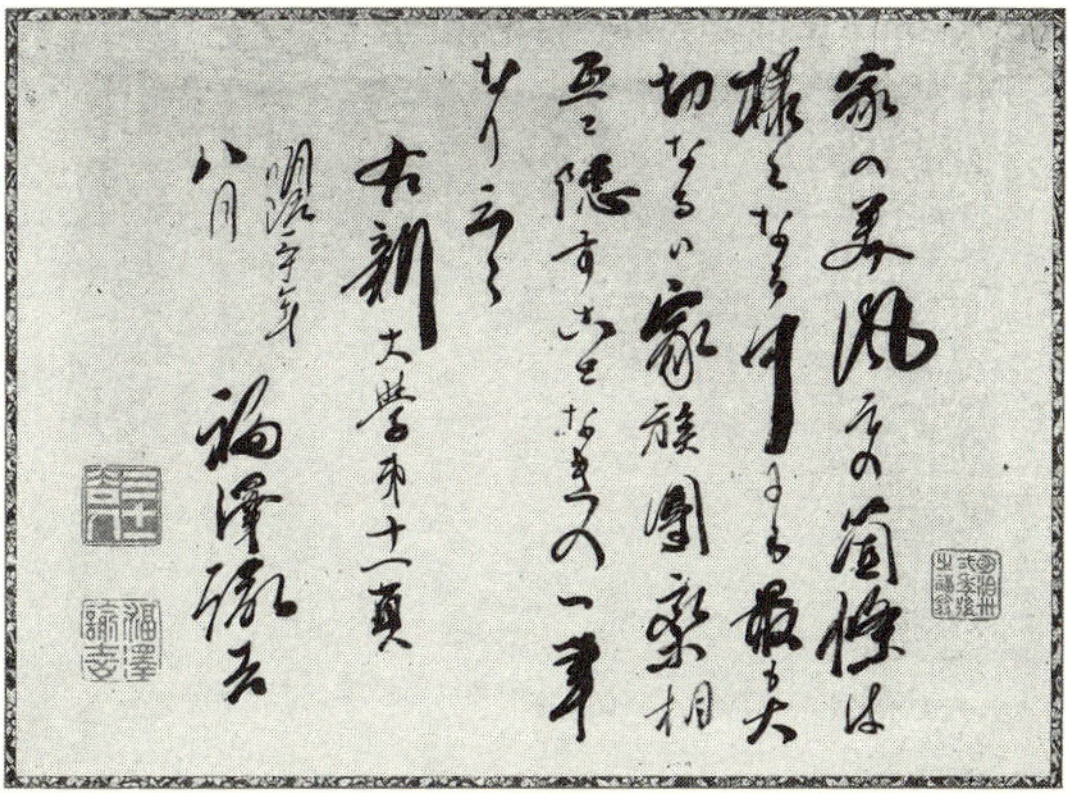

家の美風

さらに晩年になると『福翁百話』『福翁自伝』『女大学評論・新女大学』等のなかで、「家風」は徳教を育てるうえで重要な役割を担うものとして語られる。『福翁百話』第三七話「止むことなくんば他人に託す」では、「子供の教育は父母の責任として免かるべからず。その法は先ず家風の美を根本にして智徳の習慣を養い、日夜注意してその発達を助くるに在り」と、子どもの養育のためには、まず「家風の美」をかため「智徳の習慣」を養うべきであると説く。[6]また『女大学評論・新女大学』では次のように述べている。

> 徳教は耳より入らずして目より入るとは我輩の常に唱うる所にして、之を等閑にすべからず。父母の品行方正にして其思想高尚なれば自から家風の美を成し、子

女の徳義は教えずとても自然に美なるべし。左れば父母たる者の身を慎しみ家を治むるは独り自分の利益のみに非ず、子孫の為めに遁るべからざる義務なりと知るべし。[7]

日本の近代化を「一身独立」から「一国独立」へ導こうと考えた福澤にとって、「一身独立」した個人が人間交際を通して近代社会を形成する際に、「自由」や「自主独立」が我儘勝手とは異なることを理解し、自らと同様に、他人を尊ぶ（慶應義塾塾長を務めた鎌田栄吉の的確な表現を借りれば「自尊」と「他尊」）気持ちを持つことができるように智徳を育むことが重要であった。その際特に徳の涵養は、「一家」が担わなければならない機能であった。なぜならば、繰り返し述べたように徳教は耳で聞くことによって覚えることができる知識ではなく、家庭のなかで「品行方正」にして「思想高尚」な両親の正しい言動を見ることによって、おのずと育まれるものであるからである。

そして彼は、「一家」における徳の涵養を、「家風」が持つ機能として捉えた。「家風の美」あるいは「家の美風」を形成し守ることが、徳を育てることになる。「新女大学」では次のように述べる。

家の美風その箇条は様々なる中にも、最も大切なるは家族団欒、相互に隠すことなきの一事なり。[8]

ここでいう家族団欒や隠し事のない家族関係は、まさに福澤が考える近代の家族であるが、それを「家の美風」として捉えるならば、その「家」とは何を示すのか。「家風」という概念は、「一身独立」した、あるいは「一身独立」に向け努力している個人の集団である家族に、「一家」としての性格付けを行うものである。すなわち個々人の人格からは切り離された、独立した性格を持つ「一家」を存在させることになる。

さらに彼は『福翁百話』第四〇話「子供の品格を高くすべし」の中では、次のようにも述べる。

今や封建の制度は廃したりと雖も、子供の養育に付ては家風を重んずること昔年の武家の如くにして、始めて品格を維持して誤ることなかるべし。[9]

「家風」は「昔年の武家」の家風のように重んじられなければならない。それは世代を越えた継承性を持たなければならないことを意味する。そうであるならば、家風の観点において「一家独立」の「一家」は、個人の前に厳然として存在し、江戸時代における「家」同様の色彩を帯びることになる。「家風」の概念は、明文化された条文を持たないだけで、近世に大きな商家や大庄屋などで作成された通俗道徳的規範を持つ家法と相違はないように思われる。[10] 無論、近世の「家」と同質ではなく、身分的階層性を持つものでもないが、しかし対等な男女が感情のみで結びつくはずであった近代の家族に、徳を涵養する場としての機能を付与し、その役割を果たすために「家風」を重視するなら、それは福澤が描いていた家族に対し抵触する要素を加えることになる。

(二) 私徳から公徳へ

福澤は明治八(一八七五)年の『文明論之概略』第六章において智徳を論じ、徳は徳義「モラル」であり、「心の行儀」「一人の心の内に慊くして屋漏に愧ざるもの」で、智は智恵「インテレクト」で、「事物を考え事物を解し事物を合点する働」という。徳義にも智恵にも各々「私」「公」の二種類があり、「私徳」とは「一心の内に属するもの」で「貞実、潔白、謙遜、律儀等」をいい、「公徳」とは「外物に接して人間の交際上に見わる、所の働」で「廉恥、公平、正中、勇強等」をいう。「私智」は「物の理」を知りそれを応用する働きで「工夫の小智」ともいえ、「公智」は「人事の軽重大小」を分別して行われるべき順序や時期、場所を判断する働きであり、「聡明の大智」といえるという。[11] 猪木武徳氏は、『学問のすゝめ』第一三編の怨望論で、福澤が「徳」「不徳」を相対的に論ずることと合わせて、アリストテレスの『ニコマコス倫理学』との類似を説いているが、[12] 表現を見る限りでは、読者として想定した「儒教流の故老」に訴えるべく、「屋漏に愧ざる」(『詩経』大雅)といった言葉を用い、儒教的倫理観を連想させながら、論理を展開している。[13] 彼は『文明論之概略』のなかでは、もっとも重要なものは「公智」である「大智」であるといい、「聡明叡知の働」がなければ、「私徳私智」を拡げて「公徳公智」とすることができないとする。「徳義」と「智恵」は人の心の別々の部分を「支配」するものであるから、どちらが重要であるということはできないが、「徳」の性質は不変のものであるけれども、「智恵」は進歩するものであり、現在の「我邦至急の求」は智恵であると述べている。[14]この段階で彼は、人びと、特に先導者となる人びとが持つ儒教的倫理観を背景に、まずは智を育てることが急務であると考えていた。

しかし彼は、次第に智から徳へと議論の重点を移していく。

明治一一（一八七八）年六月に刊行された『通俗民権論』では、第六章で「品行を脩る事」を論じ、文明開化が「極度に至れば、智徳に公私の別なく」、それのみならず智と徳すら区別すべきではなくなる。しかし今はまだ「私徳の功能」を知るべきときで、「一身の行状」を顧みずに智恵だけつけて「醜行」を取り繕うようなことがあってはならないという。「肉体の淫楽」を買いながら、一方で民権の議論を行っても、誰が耳を貸すであろうか。理屈からいえば「私徳」と「公徳」は異なり、「一身の行状」に欠点があっても公に成果を残すことができる人はいるけれども、これは「私徳」でこれは「公徳」であると弁解しても、「良民」は不行状があれば、そこからその人物の「全面」を判断する。ここで福澤は、自由民権運動家たちがしばしば活動資金で女性を買い、女性解放論を遊女屋で論じているといったことを皮肉っているように思われる。公の信用を得るにも、「品行」すなわち「私徳」を修めることが重要であると説く。[15]

さらに明治一八年一一月刊の『品行論』（一一月二〇日から一二月一日まで一〇回にわたり『時事新報』に掲載）では、やがて訪れる外国人の内地雑居に対応して、その国の人びとの「智愚、徳不徳」が「国の軽重」を決めるとして、「外行」「パブリック・モラルチ」と「内行」「プライヴェート・モラルチ」について論じている。ここでは前者は、「報国尽忠」「政治の思想」「民利国益の働」といった「一身一家を離れたる其外の利害を心配するもの」として位置づけられ、後者は、「夫婦親子の間柄」や「一身の起居眠食逸楽の事」など「一身の私に係る行」いで「全く社会公共に縁なき私の働」とされる。『品行論』で扱われるのは、後者「内行」「プライヴェート・モラルチ」で、「内行」によって「我人民即ち我国が世界に対するの軽重」がおのずから明らかになるという。[16] ここでは、対外問題においても私徳が重要であることが指摘される。

明治二一年二月の『日本男子論』になると、「一国の社会」の維持および繁栄幸福には、「公衆」に「公徳」が必要であるが、それを堅固ならしめるのは「私徳の発育」であると説く。[17] 彼はまず「人生の道徳は夫婦の間に始ま」ると説く。夫婦以前に道徳はなく、夫婦が生じて始めて道徳の必要を感ずるのであるから、夫婦関係が「百徳の根本」であると明言できる。夫婦を成してから親子の関係ができるので、「孝徳」は第二に起りたるものといえるという。そして「戸外の徳」は「道理」を主とし、「家内の徳」は「人情」を主とするもので、それが「公徳私徳の名ある所以」であるとする。公徳としては「忠信、礼義、廉潔、正直」が挙げられ、私徳では「親愛、恭敬、孝悌」が挙げられる。『日本男子論』で挙げられる徳目は、『文明論之概略』とは異なるが、儒教的倫理観から理解できる言葉に変わりはない。そして公徳のためには私徳が重要であると、次のように述べる。

公徳の美を求めんとならば、先ず私徳を修めて人情を厚うし誠意誠心を発達せしめ、以て公徳の根本を固くするの工風こそ最第一の肝要なれ。即ち家に居り家族相互に親愛恭敬して人生の至情を尽し、一言一行誠の外なくしてその習慣を成し、発して戸外の働に現れて公徳の美を円満ならしむるものなり。古人の言に、忠臣は孝子の門に出ずと云いしも決して偶然に非ず。[18]

公徳を求めるには、私徳を堅固にする必要があり、その私徳を涵養するのは「家族」であるという。中村敏子氏は、自分自身の一身を修めることのみを「私徳」と呼んでいた『文明論之概略』と異なり、『日本男子論』においては、夫婦および家族という人間関係を律する徳も「私徳」という語を使いながら議論が進められ、両者は作用する領域が異なっているので、支配原理も異なるとされ、「人情」の支配する家族の中に存在する「私徳」は全ての徳を包み込み、他の領域において働く「公徳」に対して優位に立つとされるという。そして『日本男子論』では、私徳からさらに広い人間関係に関する公徳へという転換は論じられず、「私徳」と「公徳」は有機的関連を持たないと指摘している。[19] ただ福澤は先の引用部分で、私徳を修めることによって「公徳の根本」が堅固になるという。さらに家族を介在させ、家族が互いに親愛し敬いあい、「一言一行」誠を持つ習慣ができれば、公徳の美が形成される。「忠臣は孝子の門に出ず」と言われるのも偶然ではなく、「私」が修まればその「公」は美しくなると述べている。すなわち、感情を紐帯とする家族内で徳が涵養されることの重要性が継続して説かれ、その私徳が公徳に作用するという構図は継続されていると考えられる。
一方政府では、短期間に強靭な近代国家を建設するためには、社会的規範を形成する徳も教育によって付与されるべきであると考え、明治一四、五年ごろから、儒教主義教育への傾斜が加速していった。明治二〇年に福澤は、当時の森有礼文部大臣から倫理教科書の草案を提示され、意見を求められた。彼は森に対して次のように述べている。

人間の徳行を公私の二様に区別して、戸外公徳の本源を家内の私徳に求め、又その私徳の発生は夫婦の倫理に原因するを信ずる者なり。本来社会生々の本は夫婦に在り。夫婦の倫、紊れずして、親子の親あり、兄弟姉妹の友愛あり、即ち人間の家（ホーム）を成すものにして、之を私徳の美と云う。[20]

福澤は政府に対しても、公徳の本源は「家内の私徳」にあるとし、「私徳の美」を重視する。そして倫理教科書という手法で、「陰に陽に様々の方便」を用いて「黙従」を促すことを批判する。それは人に徳教を押しつけ、教えの本源は政府にあると強要することである。

本書の如きは民間一個人の著書にして、その信不信をば全く天下の公論に任じ、各人自発の信心を以て之を読ましむるは尚お可なりと雖も、苟も政府の撰に係るものを定めて教科書と為し、官立公立の中学校、師範学校等に用るは諭吉の服せざる所なり。況んや書中の立言、公徳論を先にして私徳に論及すること少なきに於てをや。[21]

彼は国定教科書により公徳を教えるという手法で、徳を育成することを批判する。公徳を牽引するものは、私徳の発達である。『日本男子論』では次のようにいう。

抑も一国の社会を維持して繁栄幸福を求めんとするには、その社会の公衆に公徳なかるべからず。その公徳をして堅固ならしめんとするには、根本を私徳の発育に取らざるべからず。即ち国の本は家に在り。良家の集る者は良国にして、国力の由て以て発生する源は、単に家に在て存すること更に疑うべきに非ず。[22]

私徳こそが近代社会を支える公徳を形成し、その発達には「一家」の存在が重要で「良家の集合」がすなわち「良社会」を形成する。[23]

徳の涵養は、手本を「目より入る」ことで行われるのであるから、学校教育の場で国定教科書を教え込むという方法では不可能であった。明治初年政府は文明化をめざし、人びとの生活習慣のなかで、半裸体で歩く、路地にせり出して葭簀《よしず》を張る、立小便をするといった行為を、犯罪として法律で取り締まろうとした。しかし違式詿違条例（明治五年東京府違式詿違条例、六年太政官布告・各地方違式詿違条例）といった法による取り締まりは、効果はあがらなかった。徳教は知識として耳より入るものではない。こうした悪習慣は厳罰によってではなく、私徳を育てることによって改善される。

扶養を必要とする子どもに対して親が手本を示すように、一般の人びとに対して手本を示し、近代化へと牽引する存在が必要であった。先導者が行動で示すことによって、徳教は多くの人びとの目に入るのである。彼はその役割を士族層や地方名望家に期待した。明治一〇年に執筆した「旧藩情」のなかでは、次のように述べている。

有形なる身分の下落昇進に心を関せずして、無形なる士族固有の品行を維持せんこと余輩の懇々企望する所なり。[24]

彼は門閥は批判するが、同時に「無形なる士族固有の品行」の果たす役割は大きいと考えていた。特に華族となった旧大名たちには、「華族は普通の外に特に栄誉を享る者なれば、其智徳も亦普通の外に出色の区別なかる可らず」と、智徳とも他に抜きん出ることを求めた。[25] 慶應義塾では、明治初期に中津藩の奥平昌邁をはじめ、水野忠弘や酒井忠邦など三〇名を超える旧藩主を引き受けた。福澤は九鬼隆義の「性質の美にして君子之風あること」に「恋〻」しており、華族とはかくあるべきで、その姿が人びとに徳を知らしめ、近代化のひとつの牽引力となると考えていた。[26] 小川原正道氏は、福澤が華族に対して期待と批判の双方を抱きながら、ノブレス・オブリージュとして役割を果たすべきことや、その財産を近代化に有効に活用することを考えていたことを、福澤の著作や『時事新報』に展開された社説から報告している。[27]

しかしこの華族への期待は、彼の家族論から見ると、大きな矛盾を孕んでいた。彼は、近代の家族を対等な男女が感情の結びつきによって作り出すものと規定したはずであり、歴史的な背景を持つ江戸時代における「家」は、「一身独立」した個人を主体とする近代社会形成を妨げるものと考えていたはずである。しかし、ここで彼が評価しているのは、まさに「家」の持つ歴史的背景であり、それによって育まれてきた「固有の品行」である。福澤は徳の涵養に「家風」を重視し、近代国家を支える公徳は、政府からの上意下達によって形成されるものではなく、あくまでも「家内」からの私徳の発展にあると考えた。だがその過程で、「士族」の品行に着目することからわかるように、その「家風」に継承性を見ている。これは私徳から発想する点では、「一身」を主体化する構想を維持しながら、個人と家族の関係が必ずしも「一身」から「一家」への方向性を持たないという問題を示している。

二、法的単位としての「一家」

(一) 戸籍と家族

前章で触れたように、近代家族の形成にあたって「家」の観念化、すなわち実態から遊離しても、形式的な家族が存在することを可能にした戸籍の存在は大きい。しかしながら福澤は先にも触れたように、戸籍あるいは戸主の存在について、批判的に論じることがなかった。明治一四年の著作『時事小言』のなかの宗教の自由について述べた部分で、「土地のこと、戸籍のこと、衛生のこと、統計のこと等、都て政治上に要用なる部分丈けは、〔政府が〕宗旨に立入り遠慮なく命令して可なり」という。[28]「戸籍のこと」は政府が宗教を超えて「遠慮なく命令」できるもの、すなわち彼にとって戸籍は政治上「要用」のもので、その存在は自明であった。戸主の存在についても、一六年の『全国徴兵論』や一八年の『日本婦人論　後編』で、戸主と兵役の関係や女戸主について取り上げるが、存在そのものを問題視するわけではない。彼は「日本婦人論」のなかで、「家」が名前のみでも存在し、戸籍上「一戸」となるのは「人間世界稀有の習慣」で「識者の常に怪しむ所」であり、自分も「素よりその不都合を知る」というが、代替案を示すわけではない。[29]

しかし戸籍や戸主の存在は、彼が考える愛・敬・恕によって結びつく夫婦を中心とした家族のあり方とは明らかに矛盾する。一旦戸籍が作られれば、人はその戸籍に記載されることを以て家族となる。そこでは、感情の有無は問題にならない。「戸」で示される集団のなかに、ひとつの地位を獲得することで、家族の一員となるのである。そして集団の長である戸主がそれを届け出る権利を持つということは、最初に「戸」という集団が存在して、戸主によってそれへの適性が勘案されるということである。福澤が考えたような「一身」から始まる家族関係ではなく、「一家」が優先し、そこに「一身」が取り込まれていくことになる。

明治政府が「一家」を「一身」に優先させる傾向は、明治一三年以降ボアソナードの登場によって民法の編纂が進み、一九年に戸籍法が大きく改定されても、依然維持されていた。二一年には民法の第一草案が明らかになり、儒教的な男女観や家族観からかけ離れた規程の是非が議論されるようになって、より傾向は強まったといえよう。本来は当事者の意思のみによって行われるべき結婚などの行為が、戸主による許諾を必須とされることによって、最終的には「戸」の利益との関係において、戸主によって決定されることになる。明治三一年の戸籍法で、身分行為に関する届出は本人によって行われるように変わったが、それには戸主の同意が必要とされたので、結局は「戸」の立場が優先されることになった。彼は『日本婦人論　後編』のなかで、「好不好の情実」に関係なく父母が決めるような結婚は、縁談を餌に父母が利益を得ようとするものであり、身売り同然であると批判していたはずであるが[30]、戸籍制度や戸主の存在は、その危険性を大いにはらんでいた。

また彼は、家族の中心となる夫婦の関係は、対等でなければならないと主張した。しかし戸籍は、その掲載順位によって、構成員に明らかな序列を付した。儒教的な倫理観念の影響を受け、戸籍書式に記載される際の序列は、尊属、直系、男性が上位で優先され、卑属、傍系、女性は下位に位置づけられることになった。それは明治三一年の戸籍法にも継承され、「この点はきわめて厳格に取扱」われた[31]。戸籍は儒教的な観念のもとに、維持されたといえる。

福澤は、明らかに彼の家族像と矛盾すると思われる戸籍をなぜ問題視しなかったのか。それは彼が一方で、戸籍によって法的に認められる「一家」が存在することに、意味を見出していたからである。彼は戸籍によって「一家」の範囲が定められることで、法的に成立する「一家」の財産が女性に権利をもたらし、近代的家族を形成するうえでプラスに作用すると考えた。

(二) 財産と権利

「一身独立」をなす不可欠の要素として、他人の財産に依らないことをあげた福澤は、財産と権利には密接な関係があると考えていた。封建社会においては、必ずしも財産と権利は結びついてはいなかった。もちろん財産をなした商人は、山形酒田の豪商本間家が「本間さまには及びもせぬが、せめてなりたや殿様に」と囃されたように、力を誇示してはいたが、幕藩体制下における身分制度と統制的な経済のもとでは、財産に対する価値観は階層によって異なった。『福翁自伝』のなかで兄に将来を問われた諭吉が、「日本一の大金持」と答えて苦い顔をして叱られ、それでは兄はと尋ねると「死に至るまで孝悌忠信」と答えたエピソードが象徴的に物語っている[32]。

明治改元後、幕藩体制の崩壊によって、財産の持つ力は大きくなり、財産は権利の源となった。初めに「中津留別の書」や『学問のすゝめ』等において、自ら労して自ら食うことを説いていた福澤は、「日本婦人論」（明治一八年）のなかで「人文次第に進歩すれば社会凡百の権利は財より生ずるを常とし、財源即ち権利なること疑もなき事実なる」と、社会における権利は財産から生ずることを述べている。また「男女交際余論」（明治一九年）においても「人間世界は財是れ権なりと云う」という。[33] ゆえに福澤は、女性の地位を男性と対等に近代社会を形成し得るまでに向上させるには、女性も財力を持つことが必須であると考えた。

だが明治期において、女性たちが自らの手で財産を作ることは、まだ困難であった。明治三〇年代になると、三好信浩氏がまとめられているように、女性向けの職業紹介書の刊行もようやく始まるが、それまでは女性にふさわしい職業は少なく、またあったとしても不安定であった。[34] 福澤は一八六二年にヨーロッパを訪れた際に、万年筆工場の工員や電話交換手として働く多くの女性たちの姿を見学した。産業革命以降のヨーロッパの国々では、女性の力も有効に活用されていた。しかし同時に、そのような国ですら、女性が職を確保し自立し続けることが難しいことを知る。彼が英国を訪れた一八六二年は、前年のロンドン大火の影響で物価が高騰し、経済状況は極めて悪化していた。仕事は減少し、女性たちの仕事は男性にとって代わられ、売春婦となる女性が絶えずに社会問題となっていた。彼がパリで購入し滞欧中の出来事を記した手帳には、英国で深刻化している売春婦問題の原因と解決法について書き留められている。[35]

福澤は、明治五年の慶應義塾衣服仕立局の開業引札で、女性たちが男性に依存して生きていこうとするのは、女性にふさわしい職業がないからであると指摘し、『学問のすゝめ』初編に「同著」として名を連ねる小幡篤次郎は、明治一一年一月一九日に森村女工場の増設開業式で述べた祝辞のなかで、女性の仕事は男性に比べて元々数が少ないうえに、体格の相違や女性には「不似合」だとして「国俗」が許さないといった理由も加わりより少なく、それゆえに生活のために「為すべからざる仕事もせざるを得」ず、嘆くべき状況にあるという。小幡は、日本でもイギリス同様、男性の労働が優先され、裁縫のような女性の体格に向いていると思われる職業でも「都会の地」では「別して男子に蚕食され」ると、男性にとって代わられていることに言及している。[36] 福澤は、権利権力の基となる財産を得るために日本女性に必要なことは、まず財産の分配を受けることであり、「一家」のもつ財産という観念で捉えれば、家内の諸事を担当している女性も、その財産に対して半分の所有権を主張できると考えた。

「日本婦人論」では、女性に私有財産がないことを問題視し、まるで「男子の家に寄生する者」の有様であるという。「婚姻の権利平等なれば資産も亦平等なるべきの法を求めざるべからず」と述べ、結婚の権利は平等であり、ゆえにその資産もまた平等に所有するべきであると主張する。また男女の格差を考えれば「今の女性は心身共に薄弱」で、さしあたって「自力を以て殖産に従事」することは難しいので、遺産の分配の際に、不動産は女性にしか譲ることができない、あるいは公債証書の記名も女性に限ると定めるのも一つの方法であるという。[37]『日本婦人論　後編』（明治一八年）でも、夫婦は「一代の夫婦にて一代の家を興し、系図も夫婦の系図にして財産も夫婦の財産」であると、財産も二人の財産であることを主張する。[38] また同書でも「日本婦人論」同様、夫婦間のことだけでなく、娘へも財産を配分すべきことを次のように述べる。

家に財産あらば男子に分ち与うる通りに女子にも分前を取らせてその始末を任せ、尚その上にも何か一芸を仕込みて、行々はその芸をもって一身の生計も叶うようにあらしむるは、最も大切なる事にして、身に財産を所有して兼てたしなみの芸能あれば、生涯男子に依頼するに及ばず、独立の精神も自然にこれに由りて生ずべし。[39]

財産があるなら、女子にも分け与えて責任を持たせ、経済的に自立を図れるような「一芸」を身に着けさせれば、女性も男性に依存せず「一身独立」することができると主張する。

さらに明治一九年に執筆した『男女交際論』では、男女が肉体の交わりのみに捉われず、幅広い感情の交わりである「文明男女の交際」を行うことによって、互いに智徳を高めあう関係になれることを説いたが、続く「男女交際余論」では「婦人が交際を開かんとするにはその身に属する資産なかるべからず」と「文明男女の交際」を始めるにも資産が必要であることを説く。そしてまずは次のように述べる。

自今より以後は婦人とても何か職業を求めて、如何なる場合に迫るも一身の生計には困ることなきの工風専一なるべし。婦人の権力も男子同様なり、少しも後れを取らじとて、自からその身を重んずるは甚だ善し、我輩の常に賛成する所なれども、扨人生瓢瓠に非ざれば食わざるを得ず、而してその食を求るに正当の路は唯わが身の労働に在るのみなるに、その労働の一段に至りて男子に及ばずとありては、即ち之に後れを取る者なり。労働に後れを取りながら権力に後れを取らじとは、数の合わざる勘定にして、無芸無能の貧書生が気位ばかり高慢にして不遜なる者に異ならず。故に我輩が前日の時事新報にも記したるが如く、婦人とても従前の旧習を払い、その心身の長所を人事に利用して怠ることなく、幼少にして学び、成長して資産を作り、老衰して自から楽しむの覚悟なかるべからず。[40]

これからは経済的に自立できるように、女性も仕事を持つべきである。そして女性の「権力」が男性と同様であるというのは、自分も賛成するところではあるが、人間は労働によって食を得るのであるから、労働において男性に遅れを取っていながら、権力において遅れを取りたくないというのは「数の合わざる勘定」であり、気位ばかり高くて不遜な「無芸無能の貧書生」と同じである。女性も「従前の旧習」を払い、心身の長所を利用して怠らず、幼いころから学び、成長して資産を作る覚悟が必要である。

ただ続けて、人によって資産の厚薄も暮らし向きの大小もあるので、「富豪の家」で家事も忙しければ、「その内君は内の家事を司どるを以て恰も職業と為」す、つまり家事を執ることは「職業」に等しく、夫婦は内外で協力し互いに「同等」の働きなので、「一家」の財産の半分は妻に属すると考えるべきであると主張する。「富豪」と断っていることから、通常の家事では外での仕事と量的に釣り合わないという彼の意識も見えるが、いくら富家に生まれても家事をやらないのであれば、父母の財産を得る道理はないともいい、家内労働を外での労働と同じ物差しで計るべき同意義のものであると考えている。[41]

（三）家産の弊害

しかし、ここで「家風」同様「一家」としての財産という概念に、問題が内包される。資産について、彼は次のようにもいう。

夫婦の間は夫婦なるも、私有の一点に至りては特別の約束あるにあらざれば之を混合すべからず。即ち婦人の生計の独立するものなり。生計能く独立してその交際も亦独立自由なるを得べし……

男女同権異権の理論を争うよりも、先ず自から財産を作り又これを守るの法を工風し、自身の財を用いて自身の交際を広くし、以て独立の別社会を開くの一義に在り。人間世界は財是れ権なりと云う。既に婦人の手に金権あれば他の権力は求ずして自から身に集るべきのみ。

福澤は政府がいずれ民法を制定すれば、そこにおいて「必ず婦人の身に財産所有の権も定まることならん」と、女性にも財産権が認められると考えていた[42]。彼はたとえ夫婦の間でも、それぞれ私有の財産が存在すると主張する。近代において、彼は、女性もまずそうした財産を持つことが、男女同権の理論を争うよりも有効であると主張する。すべての権利の源は財産であり、女性が「金権」を持てば、他の権力は自ずと集まってくる。個人が財産を持つことで、その個人は権利や権力を持つことができるのである。

明治五年二月の太政官布告によって、政府は土地の永代売買を解禁し、「近代的土地所有権法制」が導入された。実際には江戸時代も田畑の永代売買を認めている藩もあり、町屋敷の売買は幕府によっても許可されていた。また土地を借金の担保にすることはできたので、期日までに返済できなければ、当然質流れとなって持ち主が変化した。それでも明治五年の布告以降は、以前と異なり売買と賃貸借、担保は分離して捉えられることになり、土地の所有権は大きく変化した。政府は地租を課すために地価の安定をはかり、土地の所在、面積、価格などを記載した地券を発行した。その際、持主として記載されたのは個人であり、近代的土地所有権が確立に向かうことになる。

しかし、一方で人びとのなかには、近世以来の「家産」の観念も存在する。福澤も、一つの家としてまとまった資産の存在を認めるからこそ、家内での職分を果たすことで、妻はその資産に対し、夫と同等の所有権が主張できると考える。また相続を想定し、息子と同様に、娘への移譲についても議論する。彼の財産に関する権利は、「一家」としての財産が存在することを前提に、その一部に対し「一家」に所属する個人が、近代的な所有観念に基づいた私有（個人所有）を主張するという構図である。私有を主張しなければ、それは個人の権利に繋がらない。だが「一家」の収入支出や財産維持を「家産」という単位で捉えることと、個人の意志が反映される近代的な私有の両立が困難であることは明らかである。

家産の存在と近代的私有の間で矛盾が生じることは、早い段階から問題になっていた。井上毅は太政官法制局の議官であった明治九年七月に「戸主ノ法ハ已ニ地券ノ法ト相抵触セリ」と言い、戸籍によって規制されるような財産関係と、地券などで認められた個人所有とは相容れない論理であることを指摘した。[43] また宇野文重氏によれば、民法起草委員の富井政章は「社会的実態としては「家産」として認識されている財産が、法律上は戸主という個人の財産として把握されることから「弊害」が生じる可能性を明確に認識していた」という。[44] しかし福澤は、この二種類の個人的所有、すなわち所有の主体が完全に個人であり、利用する権利も処分する権利もすべて所持するような私有と、一次的な所有の主体は何らかの共同体であり、その一員である個人がその一部を専有する形での私有が存在することを大きな課題とは捉えていない。

彼は「日本婦人論」のなかで女戸主を取り上げるが、そこで展開されるのは戸主の存在そのものの問題ではなく、男女格差についての批判である。女性による相続は、明治六年一月二二日の太政官布告第二八号で華士族において認められ、その後華士族外にも適用されていくが、彼はその内容について、次のようにいう。

維新以来は女戸主の新法を作り、女子の身を以て地主たり戸主たり又公債証書の記名主となりて動産不動産の所有を許さるゝと雖ども、その戸主たるや唯当分の欠を補うのみにして、若しもこの女子が婚するか又は養子するときは、戸主の権は忽ちその入夫又養子に帰するを慣例とす。啻に動産不動産を所有すること稀有なるのみならず、その身辺の物と雖ども所有の全権ありとは云い難し。[45]

女性の戸主はあくまでも中継ぎ、暫定的な存在であり、結婚する、あるいは養子をとれば、戸主の権は直ちに男性である夫や息子に移ってしまう。彼はそのことを問題視する。当初第二八号では女性の相続に関し制限が設けられてはいなかったが、司法省において、もししかるべき相続人が出現しても、一旦相続した女戸主が戸主の座を譲らなかった場合にどうするのかが問題になり、七月二二日の太政官布告第二六三号で、女性による相続は嗣子がなく、やむを得ぬ事情で養子が取れない場合に限られた。村上一博氏の判例研究によれば、対象を華士族から一般へと拡げるなかで、女性による相続は必ずしも一時的・暫定的なものとされたわけではないが[46]、少なくとも福澤には女戸主の暫定性が問題として映っていた。そして最終的に明治民法でも、第七三六条で「女戸主カ入夫婚姻ヲ為シタルトキハ入夫ハ其家ノ戸主ト為ル」と定められ、当事者が反対の意を表明しない限り、女性の戸主権は夫に移譲されることが定められた。

近世において女性の相続は、時代が下がるとともに、一部では男性と比べても遜色のないものになっていった。大口勇次郎氏は、武州下丸子の農村における女性相続人を分析し、「女性相続を中継的役割の原則のみで説明することはできなくなった」「実質的に家産運用の能力をもち責任を負うことのできる人物を、男女の性別に関係なく、名前人（＝当主）と定めていることを示している」と指摘している。家族内に成年男子があっても、適任者が女性であれば女性が相続する、自立的女性相続人の存在が認められる。他にも柳谷慶子氏の姉家督に関する報告などがある。[47]それゆえに、女戸主が法令で定められたことは一見すると、女性の法的な立場が好転したようにも見えるが、反面男性が戸主となる原則を貫くために、女性が戸主になることができる要件が定められたともいえる。自立的な女性相続人が、公的に認められなくなったわけである。「民権嫗」の異名をとった楠瀬喜多は、明治一一年に女戸主として税金を納めている以上、区会議員選挙の権利もあるはずであると、県庁に「納税ノ儀ニ付御指令願ノ事」を提出し、地方参政権を要求したが認可されなかった。戸主と女戸主は明らかに法的に異なる存在として定められた。

こうした経緯を考えれば、福澤の懸念も的外れではなく、彼が指摘するように、その差異が女性は「毫も恃む所」を持たず「男子の恵」によって存在し、その「安危運命」は「男子手中」にある現状を浮かびあがらせる。[48]しかし問題の根は単に男女不平等にあるのではなく、家産と私有（個人所有）という相容れない概念の両立にあった。財が権の源となるためには、その財産は私的に所有できるものでなければならなかった。しかし財を家産に求めれば、私有との間に矛盾を生じ、その解決如何で真の「権」には結びつかないものとなる。

明治民法において、その杞憂は現実のものとなり、妻は財産権が認められても処分権を持たず、結局「財」が「権」に結びつくことはなかった。福澤が「家産」という認識に立つ限り、たとえ「財産権」が認められたとしても、それだけでは「財」は「権」の源とはなり得ず、彼の「一家」という概念は、根本的な問題を孕んでいたと言わざるを得ない。

三、経済的単位としての「一家」

(一) 中津士族社会の変容と不変容

(1) 家禄への依存

福澤は、近代国家を形成する主体に経済的自立を求めた。「一家」は「一身」の経済的自立に関し、何か役割を果たし得る存在であったのであろうか。彼は先に触れたように地方名望家を含む士族層を、近代化を牽引するミドルクラスとして成長させたいと考えていたが、その際中津は、ひとつのパイロットプラントになっていた。晩年の『福翁自伝』で、彼は中津について負のイメージばかりを語るが、実際には、元治元(一八六四)年に自らの塾の改革にあたり、協力者を中津の士族に求め六名を入門させたことなどから明らかなように、福澤が最も信頼を寄せていたのは中津の人びとであり、また『学問のすゝめ』初編が当初中津の「友人」たちに向けた文章であったように、自らの構想をまず伝える相手も中津の人びとであった。[49]中津の、特に士族層の経済活動から、「一家」の経済的な単位としての役割を考察したい。

明治改元後、福澤が「中津留別の書」を通じて、新しい時代の指針となる考えを中津の人びとに示す以前から、中津藩でも職制や禄制の改革は行われていた。幕末維新期の中津藩の財政状況は良くはなかったが、他藩と比べて相対的に見れば悪いというわけでもなかった。[50]そのなかで職制の改革は、明治元年一〇月の藩治職制制定に呼応して行われ、明治元年に四〇四名いた藩庁の役人が翌二年には三〇〇名、明治三年閏一〇月になると同年九月の藩制改革布告を受けて、さらに二三〇名にまで減り、明治元年に比べれば四〇％以上の人員整理になった。中津藩は「藩治職制にまともに対応した数少ない藩の一つ」といわれている。[51]また官禄も政府公示の二割引で定められ、三年閏一〇月には禄制を改め、『明治前期財政経済史料集成』に記載されている家禄賞典禄増減表によれば、米は約三三％、金も一％程度の削減を行った。[52]こうした人員整理が行われているにもかかわらず、先に触れたような「福澤の名跡御取建」の噂が存在するということは、士族層が現実を目の当たりにしてもなお、根本的な体制の変化を理解していないことになり、そこに深刻な問題があった。

藩はまた、帰農商の奨励も熱心に行った。明治三年一一月二〇日に太政官より、農商業に転業する者に対して生産資本として一時金を支給することが通達されると、中津藩は帰農あるいは帰商を行う士族に対して五〇両、卒族に対して二五両、加えてそれぞれの禄高五か年分を支給することに決定した[53]。帰農商が進めば、封建体制の崩壊が分明となる。最初の出願者は、明治四年一月の桜井恒次郎で、慶応二年三月に入門した福澤の門下生であった。その後出願者は順調に増し、六月までの間に一七〇余名が願い出た。『大分県史』は、このように多くの志願者を生んだ背景には、前藩主の奥平昌服が四年三月に帰農願を提出したことがあると分析している（結果は不許可、「公文録辛未十月大蔵省之部　全」一〇月四日条）。さらに家老を務めた大身衆である山崎家に残る日記によれば、七月一二日の「士族の面々え廻状」でも藩政府は帰農商を勧めている。しかしながら、志願者が集まったにもかかわらず、廃藩置県後四か月で中津県が小倉県となった関係で、士族中三七名へは約束した五〇両がはらえず、また全員に五年分の禄高支給を行うことができなかった。そのため結局明治八年一月になると、八五名が復籍となる。将来性のない近世の遺物である家禄頼みに、逆戻りとなったのである[54]。

近代社会形成においてミドルクラスの中核をなし、リーダーともなるべき士族層は、「一身独立」の要件である経済的自立の点で、大きな難問を抱えていた。精神的自立と経済的自立は相互に作用して初めて「一身独立」を成し得るものであったが、士族層は「無産」生活に慣れすぎて、解決策を模索することが難しかったといえる。

（2）中津市学校の展開

福澤は「一身独立」を成し遂げるためには、洋学を学ぶことが有効であると考えていた。文久二（一八六二）年、幕府は開港開市延期交渉を行うためにヨーロッパに使節団を派遣し、その際福澤ら随行員には、本務（「一ト通御使之廉」）のほかに「外国之事情」を探索すること、特に各国の「政事学政軍制」について心がけて探索をすることが命じられた。[55] 彼は多様な学校や病院等を見学し、西洋の高い文明を目の当たりにして、日本の独立を維持するための急務は「富国強兵」であり、「富国強兵」の根本は人材育成にあると考えた。だがこれまでの古典の「読様」を学ぶ儒学では「実地ニ施し用をな」す人物を育成することはできない。「富国強兵」のための人材は、事物の本質を見極め応用しようとする洋学によって育成される。ロンドンから中津藩の重臣島津祐太郎に宛てた手紙では、洋学取立に関して他藩に後れをとらないよう進言している。[56] 帰国後彼は、自らの塾に対して、入門帳（「慶應義塾入社姓名録」）の創設や大量の教科書の購入、学則（「芝新銭座慶應義塾之記」「慶應義塾社中之約束」）の制定など、近代的学塾としての充実を図った。同時に中津における洋学校設立を願い、実現の際には全面的に協力する心積もりであった。[57]

その結果明治四年一一月に、中津市学校が創立された。中津県が大蔵省に提出した「洋学校開業願」（明治四年一〇月一〇日付）や、のちに小倉県に合併後、山口県から小倉県に対して中津の洋学校に関する調査依頼があった際に旧中津県が作成した「中津市校洋学出金方法」「中津市校洋学生費用之記」（明治五年一月付）によれば、「慶應義塾えも示談相遂」「規則ハ、総て東京三田慶應義塾之規則ニ従ひ候」とあり、慶應義塾の協力のもとに創立されたことがわかる。[58] 学則類や授業料等は、都鄙間の差異を考慮しながら基本的には「慶應義塾社中之約束」に準じ、初代校長をはじめ教員の多くは、慶應義塾から派遣された。明治一一年一〇月九日付で福澤が大分県令香川真一に宛てた書簡では「中津の学校」だから中津出身者に他の三分の一ほどの給与で「無理に出張」させたと述べている。[59] 設立運営資金は旧藩主奥平家の家禄から五分の一と、士族達の積立金による互助組織である天保義社からの拠出金で賄われた。[60]

そしてこの中津市学校の開校にあたって、福澤は奥平昌邁の名前で「中津市学校之記」を著している。そこでは「一身不羈の産」を立てるための学問の大切さを強く説いた。全体で二六〇〇字程度の文章の約半分を武士の俸禄に関する記述に費やし、「人間交際の道ニ於て躬から労して躬から食ふの大趣意」に対する理解を求め、「躬から身を役し躬から心を労し」「一身不羈の産を立て其気象を子孫ニ遺さハ、子孫亦独立の一人たるへし」と自ら労して自ら食らう行為で活計をたて、その「気象」を子孫に伝えるべきであると説いている。彼は、士族たちが経済的自立と真摯に対峙することを期待した。彼らが人びとを主体化へと導くミドルクラスとして成長するためには、江戸時代における「家」と決別し、俸禄生活から経済的に自立することが必須であった。

中津市学校で実際に行われた教育内容については、十分な資料がない。[61] 最も具体的な記述は、自身も同校で学んだ広池千九郎が著した『中津歴史』(明治二四年)である。[62] 校内では「弁説会」が開かれ、西洋に演題をとった討論演説が行われ、自主自由や殖産興業などが議論された。広池は中津市学校で学んだ科目を記録しており、「読方、作文、習字、算術、物理、生理、ソノ他トス　マタ一級ノ科目中、読方ハ左ノ書ヲ用ヒタリ。国史略、十八史略、元明史略、各購読」(「初忘録」)であった。[63]前述のように、小幡篤次郎、松山棟庵、中上川彦次郎、須田辰次郎、浜野定四郎、猪飼麻次郎ら福澤の門下生たちが教鞭を執った。

同校は一定の成果をあげたといえる。明治七年五月刊行の『学問のすゝめ』第九編および六月刊行の第一〇編は「学問の旨を二様に記して中津の旧友に贈る文」と「前編の続、中津の旧友に贈る」で、中津の人びとに対し、経済的自立と学問について説いている。飯を炊き風呂を焚くのも学問であれば、天下を論じるのも学問である、またそのいずれも、実地に施すことに意味があるという。「士族以上の人」は、「数千百年の旧習」に慣れて「衣食の何物たる」も知らず「富有の由て来る所」もわからず傲慢になっているので、「自食の説」を唱えて「酔夢」を破るしかないと考えていたが、しかし近年「政府を始め諸方」から「洋学者流」が急いで求められ、学者が売り手市場になり、十分に学問を修めなくとも、職を得ることができる状況が生じた。だが、これは憂うべき状況である。「学問に入らば大に学問すべし。農たらば大農と為れ、商たらば大商と為れ。学者小安に安んずる勿れ」であり、学問を始めたのであれば中途半端ではなく、きちんと学問を修めるべきである。学業が半ばであるのに、競争心から学問をやめて職につけば、「俊英の少年」を未熟のままに終わらせ、本人にとっても悲しむべきことであり、「天下」のためにも惜しむべきことである。[64]福澤は、学問の志は「高遠」に持つべきであるという。この論説を読む限りでは、明治七年ごろには、洋学を学んだ人物には、ある程度経済的自立の道も開けてきていたようである。

さらに明治八、九年頃までに、中津市学校は「関西第一ノ英学校」と称されるまでに発展した[65]。福澤は同校の発展が、上下関係にとらわれがちな士族社会の刷新に寄与したとして、士族固有の品行を維持しながらも、社会関係を改めるには学校が有効であることを「旧藩情」に著した。同書は明治一〇年五月に脱稿し、写本で中津の島津復生や鈴木閒雲、浜野定四郎らに示された。中津の人びとに示したのは、旧悪が再び繰り返されることのないよう、身分間で差別感情を持ってはいけないことを説くためであった[66]。彼は「旧藩情」の緒言で、中津市学校は費やした「財と労」に報いるだけの効果をあげ、華族が旧藩地に学校を建てることは、華族のためにも旧藩地の公共のためにも利益が大きいと書いている。人びとが「学校に心を帰すれば」懸念すべき「門閥の念」もなくなる。ともに「さらりと前世界の古証文に墨を引き」商工の働きと士族の精神が合致すれば「心身共に独立して、日本国中文明の魁」となることができると主張した[67]。中津市学校の意義に自信を持っていたことが窺える。

(3) 門閥の残夢

しかし士族一般にとっては、やはり自立は困難であった。福澤は明治九年に執筆した「分権論」において、士族層の力が十分に活かされていないことを指摘している。彼は士族には三種類あるという。一種類目は政府の中ですでに地位を得ている人たち、二種類目は地位を得ることができなかった、あるいは失った人たち、そして三種類目は、守旧的な士族の気風を変えていこうとしないタイプの人びとである。すでに地位を得ている人物はいいが、そうでない二番目三番目の士族の力をいかに発揮させるかが、日本の近代化にとって重要になる。彼はその一つの方策として、地方分権を考える。国権には、法律の制定や軍事、租税、外交、通貨の発行などに関わる政権「ガーウルメント」と、警察、道路工事、学校、社寺、衛生に関わる治権「アドミニストレーション」があり、前者は中央集権で進めていかざるを得ず、そうでなければ効果も上がっていかないが、その一方で後者の治権は、地方主体で取り組むべき事柄で、地方の利点を生かし、生活に密着して臨機応変に対応することが重要である。[68] そこに士族の力を活用し、士族たちの自立を促そうと考えたのである。

しかし、充分な活躍の場を与えられていない士族たちの不満は、士族反乱として表面化しており、やがて明治一〇年の西郷隆盛の挙兵へと結集してしまった。西郷が立ち上がると、中津でも福澤のまたいとこにあたる増田宋太郎らが呼応して、中津隊が組織された。中津市学校もその影響を受け、明治一〇年六月四日付の浜野定四郎宛福澤差出の書簡には「近来之騒擾ニ付ては、学校も定て混雑、教授之場合ニも至らざる事なるへし。残念なから致し方も無之」とあり、中津市学校も動揺し授業どころではなかったことがわかる。[69]

彼は中津におけるこの混乱を「門閥之残夢」による、すなわち士族が未だ前近代的な思惟体系から抜け出すことができないところに要因があると分析した。中津藩の重臣だった鈴木閒雲に宛てた書簡には「旧藩情」に添えて次のようにある。

中津旧藩之旧痾、今ニ全く癒たるものニあらず。治乱共後日必ず不都合可有之、即チ其原因ハ門閥之残夢なり。……元来今の残夢者流が旧を慕ふも無理ならぬ事、或ハ不知不滅言行ニ発するの場合もあらん。且其人物も正雅穎敏ニ非されバ、率直律儀。固より悪むへきニあらざれとも、中津之安全幸福を目的として論する時ハ、穎敏律儀之士より起りたる禍も、愚鈍不埒之者より起りたる禍も、其禍之性質ニ異同あるへからず。尊兄ハ中津ニ而徳望ある士なり。此際ニ当て他之魁を為し、非常之英断を以て世間之残夢を驚破するの御考ハ有之間敷や。[70]

「残夢者」が旧を慕うのも無理はなく、憎むべき人物ではないのかもしれないが、「中津之安全幸福」を考えれば、人物が「穎敏律儀」であろうが「愚鈍不埒」であろうが関係がない。鈴木は中津で「徳望ある士」なので「非常之英断」を以て「残夢」を「驚破」すべきである。

さらに明治一〇年頃には、中津市学校の教授体制にも問題が生じていた。福澤は「今の学校之教師、何分ニも迂遠ニて、此行く先き事実ニ有用之人物を生すへき見込なし」と教師が役に立つことが教えられず、「有用之人物」を輩出する見込みがないと考えた。そこで「学校之傍ニ所謂テクニカルデパルテメントを設け、木挽、指物、鍛冶屋、飾屋等之職業を始メ、生徒達をして強て之ニ従事せしむる抔之趣向ハ出来申間敷哉」と、別途「テクニカルデパルトメント」を設けて職業教育を始め、生徒に強く実業に就くことを促してはどうかと提案している。「昨年来も当処の開立舎ニ居る中津のヨングメンを見るに、世事ニ迂闊なること、銭之勘定を知らざること、実ニ驚くニ堪へたり」ともいい、東京にいる中津出身者たちを見ると、実際の世の中での出来事に疎く、経済的な観念もないことを嘆いている。そして、このような状態で「原書斗り執行」したらば、「昔の家老の子に本を読ませた同様の者」、すなわち実際には公私ともに役にたたない「無用之長物」を作り出すだけであるという。[71]

そして「門閥之残夢」は、西南戦争を経ても簡単には解消しなかった。明治一一年になると中津市学校に対し、公立学校との合併話が持ち上がった。[72] 福澤は、資金の充実によって簿記の導入など「学事の進歩」も見込めるので、合併をなんとか成功させたいと考えた。もしそれを妨げるものがあるとすれば、旧態から抜け出すことができない士族社会に他ならなかった。彼は一一年一〇月九日付の大分県知事香川真一宛書簡のなかで、自分が一番恐れているのは、うまく相談を進めていても「些末無用の事」から争いになり「又例の不熟不和」が起ることで、そのため合併後半年か一年の間は、小幡篤次郎に中津出張を依頼したと書いている。[73] 小幡は『学問のすゝめ』初編の「同著」者である。前述の元治元（一八六四）年に福澤が自らの塾を近代的な学塾とすべく、中津に助力者を求めた際に白羽の矢を立て慶應義塾に入塾させた人物で、以来生涯にわたって福澤を援けたが、一三石二人扶持の下士階級の福澤に対し、供番二〇〇石の上士階級出身であった。『学問のすゝめ』初編の「同著」も、下士階級の福澤が上士階級の読者を得るための策ともいわれている。「例の不熟不和」の詳細はわからないが、慶應義塾でも重要な役割を担っている小幡が、わざわざ出張しなければならないことを考えると、仲裁には小幡の旧上士階級としての威光や人脈を要する、すなわち「門閥」の問題が関わっていると推察される。

(二) 士族授産における「一家」

(1) 中津市学校事務委員集会の士族授産

門閥という価値観からの転向を可能にするには、何が重要なのであろうか。

合併話は中津市学校の資産であった二万円（天保義社出資金か）の帰属をめぐり合意が得られず、立ち消えとなった。そこでまだ残っている中津市学校の資金を有効に運用するために、東京および中津で「市校世話人」を選出し、彼らによる「市校事務委員集会」が発足することになった。会合の様子は、「市校事務委員集会録事」と題された議事録に残されている。[74]「市校世話人」に選出されたのは福澤をはじめ、小幡篤次郎、旧藩主奥平昌邁、津田純一、浜野定四郎、須田辰次郎、中上川彦次郎、猪飼麻次郎、島津万次郎ら慶應義塾で学び、中津市学校で教鞭をとった人物が中心であった。東京では毎月五日、中津では二〇日に会議を開催し、互いの内容を書簡でやりとりしながら協議を進めていく方式がとられた。

この委員会の主要な議題のひとつが、士族授産に関するものであった。「市校事務委員集会録事」によれば、明治一三年二月五日には中津市学校を養蚕の専門学校にすることが検討された。その後も五月、七月、八月、一〇月、一一月と養蚕製糸に関する議題が続いた。学校そのものを止めて、資本を養蚕という「新事業」に投ずることや、そのために「俊秀ノ少年」を選び養蚕の盛んな地方で研修させること、また中津産生糸に「褒賞金」を与えるといった奨励策も検討されている。[75]

中津における養蚕・製糸業の奨励には、福澤や小幡篤次郎が深く関わっていた。福澤は市校事務委員の第一回会合の二日前である明治一二年一二月八日に、初めて富岡製糸場長速水堅曹に面会した。速水は、明治三年に日本最初の洋式器械製糸場である前橋製糸所を設立した実績があり、富岡製糸場の前には、福島県二本松にあった日本初の株式会社といわれる二本松製糸株式会社に招聘されて、器械製糸技術の指導にあたっていた。[76] 福澤側の記録には速水との接点はほとんど見られず、福澤が記した「明治十七年以降の知友名簿」中の「船津伝次平」の項目に「上州勢多郡原ノ郷村農今は農学校に在り頗る農事に明なり　速水堅曹氏話」とあるのみである。[77] しかし速水の日記には「〔明治一二年〕十二月八日、福澤諭吉ト始テ面談ス。而シテ大ニ親睦セリ」[78] とある。また先の福澤の知友名簿に記された人物、船津伝次平は群馬県の出身で、養蚕用桑苗の生産方法の開発で名を為した人物である。明治六年に『桑苗簾伏方法』、八年には『養蚕の教』などを著し、名前が知られるようになって東京駒場農学校に教師として招かれ、のち農商務省の甲部普通農業巡回教師となった。[79] 福澤が知人となった速水に、養蚕の専門家を紹介してもらったものと考えられよう。

小幡篤次郎は、さらに具体的な振興策を担っている。彼が旧藩時代に重臣であった鈴木閒雲や山口広江らに宛てた書簡からは、中津における養蚕製糸業の様子がわかる。たとえば明治一三年と思われる一月三一日付鈴木宛書簡では、旧藩時代に飛び地があり、養蚕が盛んであった備後福山と連絡を取りながら振興策を模索しており、同年と思われる三月二二日付同人宛書簡では養蚕教師の招聘をめぐって、小幡が折衝している。一六年七月二五日と推定される書簡では、中国九州地方の生糸の値についても知らせているので、情報収集も行っていたのであろう。一六年に山口広江に宛てた書簡には、四月四日付で福島から仕入れた桑苗の中津への輸送や、中津では竜王新開が桑植に適すると思われること、福島の佐野理八が養蚕の研修について、一年間に五人を滞留中無費用で世話をしてくれると申し出てくれたことなども書かれている。[80] 福島の佐野理八とは、速水堅曹が関わった二本松製糸株式会社の社長で、長男市蔵は一七年一〇月に慶應義塾幼稚舎に入学している。ほかにも二本松株式会社副社長山田脩の息子一、創立メンバーのひとり安斎徳兵衛の息子徳三も慶應義塾幼稚舎に入学しており、人的なつながりが感じられる。福澤と速水の面会以降、中津における養蚕製糸業による士族授産は本格化していったといえる。

(2)『田舎新聞』に見られる士族授産

中津の士族授産の様相については、『田舎新聞』の記事からも考察できる。

『田舎新聞』は明治九年一一月に、中津で、医師の村上田長(初代社長)、是恒真楫、中野松三郎が中心となり、朝吹英二、西次郎太郎、山口半七、島津万次郎、竹下権次郎、陣野広平、新庄関衛、尾林聴雨、奥平毎次郎、梅木芳次郎らの協力によって創刊された。メンバーのうち中野、朝吹、山口、島津、奥平は福澤門下生で、竹下は慶應義塾で教鞭をとり、尾林は長男が慶應義塾に入学している。創刊号は現在一面の複写物しかなく、編集長や印刷人が確認できないが、後の号から推測して、編集長は福澤のまたいとこの増田宋太郎、印刷人は尾林聴雨と考えられている。「田舎新聞仮則之序」では、国家は人民公共のものであるはずが、人民が無知蒙昧であったがために、君主の専ら裁量するところとなってしまい、政府の私有物のようになってしまった。そこで人びとのなかに自由精神を発達させ、欧米の人民と対等にする。また田舎草莽の人に情報を与えて天地の真理を伝え、官吏や学士には民情を伝え、お互いに作用して行政を監督する。そのためには新聞という媒体が有効であると述べている。開業時の引き札には、東京その他で数多くの新聞が発刊され、経済法律外交から夫婦喧嘩まで様々な記事が掲載されているが、高尚な論が多く「田舎者」には理解が難しい。まず民間に必要な出来事を報じ、「世の幸福」となるべきものを容易な言葉で報ずると述べている。[81]

『田舎新聞』には殖産興業に関する記事が多く見られ、野田秋生氏の投書欄の分析によると、民権論や民会運動、国会論を論ずるものに次いで、殖産興業や経済関連および士族論が多い（一九一点中四五点、約二四％）。後継紙『田舎新報』（明治一四年一一月から二六年）は投書に占める率は下がるが、発刊趣旨には「本紙ハ専ラ殖産興業ノ事件ヲ論述シテ地方ノ工業殖産ヲ勧奨スルノ意」とあって、新聞発行の主題自体が殖産興業の促進であった。[82]

まず、明治一二年一一月二六日付第一八〇号には、次のような記事がある。

○小幡篤次郎先生には東京に急がるゝ事務のあればとて、当地の要件を手早く弁へ、昨朝の雨を冒して、陸路を馬関へと出発れたり。斯く急がるゝものから、去る廿二日の別筵も円応寺を借りて親戚故旧打交の会席なりき。該時先生の演説されし大要を挙れば、中津の景況も昔日と換り、港に汽船を繫ぎて航路の便を開き、陸に道路を築きて、耶馬溪に俥車を通ず。百事の改進する十年前に於ては夢想だもなき処なり。今や斯の如き世に処しては、人心も亦た昔日の如くあるべからず。人文の開くるに従ひ、人は専務を執り、家は特業を営み、勉めて分業の利に就かざるべからず。殊に士族の業に就くや最も難しとす云々。分業の利は我之を取るを欲せざるも、世既に之を取るを以て、永く未開の世の習慣に泥みて、一にして数業を兼ね、一店にして百貨を鬻ぐ万屋商売に従事すべからざる也云々、と懇切なる談話なりき

東京から出張して来ていた小幡篤次郎の演説の趣旨は、中津の様子も昔とは変わり、海陸の交通の発達は、一〇年前には夢にも思わなかったことである。このような時代の変化を受けて、「人心」もまた昔のままであってはならない。人はそのなすべきことを行い、「家は特業《ひとつわざ》を営み」「分業の利」に就くべきである。だが士族が「業」に就くのは難しい。すでに社会的な分業の体制は進んでいるので、一人で数業を兼ねるような、長い間の「未開」の習慣に固執すべきではないというものであった。

分業については、明治一〇年一一月に、福澤が一五、六歳の男女に向けて執筆した経済書『民間経済録』のなかで、その効能を述べている。たとえば東京では錦絵や草双紙を作るのにも、顔を担当する人物、体を担当する人物、文字担当、草木担当、摺る方も文字担当、絵担当と分かれて専門職化し、それぞれ「仕事も埒明き手際も上達」するため、田舎で作るものは東京の出来には及ばな

い。こうした分業による生産性の向上は、アダム・スミスが論じて以来「経済の通論」である。ただ分業の方法は「国々の風俗、人口の多少、国財の貧富」によって異なるものであり、現時点において日本では「一家」という単位までは効能があるが、それ以上の細分化は弊害が大きい。すなわち分業の最小単位は「一家」であると主張する。[83]本来は「一身」が基礎のはずであるが、経済的自立の側面から考えた場合、一家は分業をせず、「一家」を経済単位とする必要が生じていると分析するのである。

小幡が中津の交通網の発達を説きながら、人は「専務」を執り、家は「特業」を営み、「分業の利」に就くべきだと主張し、福澤が日本経済の現状では「一家」を最小の分業単位であると主張することは、生産単位として「一家」が、欠くべからざる存在であることを示している。明治一四年一月二六日付第二八五号には、次のような記事が見られる。

○当市末広会社の製糸は漸〳〵盛なれども、器械操を以て専務とせらるれば、例へ工女の其業に熟練せるも、家に帰れは毎戸に器械の設けなきを以て、其業を為す能はす。随て該業の盛大に至るを期すべからざれば、山口広江君の尽力にて曩に奥州福島にて修行せる鈴木小幡の両女を雇入れ、末広会社の一室にて、当時流行の座操器械を以て製糸の業を教授せしむると。其資金の如きは市学校より補助せらるゝ由この記事と一致して、「市校事務委員集会録事」の一四年二月五日条には次のようにある。

昨年福島より帰国之女生徒小幡鈴木の両女を、座繰糸取之教師ニ雇ひ入ル、積リ。月給各七円宛ノ積リ云々

のちに詳述するが、中津の末広会社は、明治一三年に当時最高水準の器械製糸工場である富岡製糸場に伝習工女を派遣した。しかし新しい技術を学ぶ一方で、伝統的な製糸方法である座繰を、わざわざ奥州で修業した講師を雇用して教授するという記事である。「当時流行の座繰器械」とあるので単なる座繰ではなく、改良座繰と呼ばれる、主に糸の撚りや接緒（糸の継ぎ足し）、絡交（枠に巻き取る際の偏り）に改良が施された器械での座繰と考えられる。福島地方は製糸業がさかんで、一般的に有名な上州座繰器より奥州座繰器の方が少し早い時期に発明されたといわれる。[84]またこの二つの記事からでは、二人が修業に出発した経緯は明らかではないが、先述の福島との関係や中津市学校の「女生徒」であることを考えると、そもそも器械製糸と改良座繰を併行する計画であったと考えられる。

なぜ欧州から産業革命後の先進技術が輸入されるなかで、改良されているとはいえ伝統的な技法が学ばれたのか。『田舎新聞』の記事によれば、「家に帰れは毎戸に器械の設けなき」ゆえに、製糸業が盛んになることが期待できないからとある。人びとが製糸業を行う際に、工場労働者として従

事するだけでは不充分で、「家」での業としても成り立たせなければならない理由が存在し、ゆえに座繰は必須であり、新たに教師を雇ってでも学ぶべきものであった。

さらに明治一四年二月一九日付第二九一号には、次のような記事がみられる。

○当地上流の士族鈴木間雲君菅沼新君を始め二三の紳士には、同族の日増衰頽に趣き将に飢渇に迫らんとするを憂慮られ、之を救済せんには、工業を興すか倹約法を設くるより外なかるべし。然して之を衆人に謀るには、宜しく其順序を正うせざれは事成らずと、先づ第一に旧御大身衆其外屈指の門閥家数名を、頃日旧君の御菩提処なる新魚町自性寺に会し、其方法を談論せられたりと。尚其後も時々会合せらるゝよしなるが、其際当時壮年輩の不遜なるを痛く概歎せられたりとぞ。

記事にある鈴木閒雲や菅沼新は、二〇〇石取りの御供番と呼ばれる上士階級の出身で、彼らは士族層が日々衰退するのを憂慮し、救済には興業か倹約が必要であると考えた。しかしそれを広く人びとに図るには、「宜しく其順序を正うせざれは事成らず」、つまり正しい順序で行わなければ、成功はしない。正しい順序とは何かといえば、最初に「旧御大身衆其外屈指の門閥家数名」に図ること、つまり中津には未だ鞏固に門閥意識が存在していて、それを利用しなければ成功しないというので ある。その上士たちは、会合において近頃の「壮年」が不遜であることをいたく「概歎」した。経済的自立を促す授産をめぐっても、士族たちは封建的上下意識から抜け出すことができなかったことがわかる。

これら『田舎新聞』の記事から知れることは、士族授産が具体的には「一家」を単位としなければ、行うことが困難であった様子である。経済的自立を果たすためには、活計を成り立たせる「業」が必要であるが、それを個人の業ではなく家業という観点で考えなければ、士族たちにとっては、経済的自立への一歩を踏み出すことが難しかった。ミドルクラスの中核をなすべき士族層の「一身独立」は、家業による補完があってはじめて成立するものであった。

(3) 士族の授産は養蚕製糸を第一とす

士族授産が「家」と関わる傍証として、福澤が主宰する『時事新報』が明治一六年九月一三日・一四日・一五日・一七日と四日間にわたり社説として掲げた、「士族の授産は養蚕製糸を第一とす」を取り上げる。そこでは中津における養蚕製糸業の奨励が一定の成果をあげたとして、養蚕製糸業は士族授産に適することが論じられている。士族授産事業として養蚕製糸が最良であるというのは、かねてからの『時事新報』の主張であり、その理由は次の三点であるという。

第一は「養蚕の業は其品格甚だ高きこと」である。明治以降の士族の心中には実に「憐れむべきもの」があるが、養蚕は「一国帝王の后妃」が自ら従事することも多く、「高貴の家門」であっても恥じるところはない。「百姓」の仕事というよりもむしろ「橐駝師」(植木職人)の楽しみに類するところが多い。主人が桑園で働き、妻女は蚕を飼う。家族で従事し生計のためより、「消閑娯楽」ではないかと思われる趣がある。士族のために都合のよい産業である。

第二は「全国何れの地を問はず新に養蚕の業を輸入して其成功必然なること」である。全国どこでも適しており、桑が成木になるまで三年ほどかかるが、士族は「棄つべき旧業なくして入るべき新業のみある者」であるから、その間は養蚕や製糸の術を学ぶために費やしても、著しい困難があるとは考えられない。そして成功を収めた例として、備後福山と豊前中津を挙げる。中津は明治一一、二年頃までは、士族でも農家でも養蚕で「一家の生計を立つる者」はなかったが、研修に出向いたり老練の人を招聘して教えを受け、桑と蚕の量のバランスを間違えたり、製糸場はできても供給の繭がなく困難なこともあったが、明治一五年に初めて八梱を米国に直輸出して好評を博し、一六年は一四、五梱を輸出できる見込みである。

第三は「日本全国を桑園と為すも生糸絹布の供給多きに過るの恐なきこと」である。全国の士族が養蚕製糸に従事すれば、供給過多になり「共潰れ」の危険があるのではないかと思うかもしれないが、日本だけでなく世界市場で考えれば、まだまだ潜在的需要も大きく、日本全国を桑園にしても、供給過多にはならない。「今日本全国無産の士族を駆て有益の養蚕に従事せしめ国の富源を深くするは、蓋し一挙両得の美事なるべし」と国の富源ともなり、一挙両得であるという。

この社説は原稿が発見されていないので、福澤の執筆によるという確証はないが、彼は日本の主要輸出品として生糸に着目しており、門下生たちのなかから、養蚕製糸業に従事する者がでることを喜んでいた。明治一九年七月三一日付で阿原左金吾に宛てた書簡では「養蚕御勉強のよし、欣喜に不堪」「方今天下の事は養蚕の外に有之間敷」、「一家の利益のみならず国を立るも亦この一事業に依るのみ」と期待を述べ、「老生曾て云へる事あり」として養蚕や製糸業者によく与えた書である「一縷千丈是国脈」の文字を記している。[85]

この社説は、士族にとっての経済的自立を考える際に重要なものが、経済的な効率よりむしろ、長い年月維持してきた士族としてのアイデンティティーや、プライドを失わず「品格」を保つことができるか否かであると捉えていた。また「旧業」があるわけではないので、すぐに成果を得られなくても、時間をかけて成功に導くことができると主張していた。士族の経済的自立に、本来であれば考慮される必要のない要因が加わるのは、福澤が繰り返し述べるように、長い徳川政権下で培われた門閥意識は、そう簡単には変容することがなかったからである。

明治一三年ごろからは、中津市学校に出資した天保義社をめぐっても、士族間で対立が起こり始めていた。天保義社は、天保一〇（一八三九）年に凶作の際の減収対策として、藩が藩士から禄高に応じてその一部を借り上げたことに端を発する、士族たちの互助組織である。一一年になると家中半知令を出し、禄高の二五%を藩庫に納めさせるようになった。このような「御借上」はその後も続き、明治維新以後はそれを「撫育会所」において管理し、窮民救恤や開墾事業などに貸し出していた。廃藩に際して議論の末、本来は藩士の禄であったという見解から、明治政府には渡さず、大蔵省に「天保義社」の名称で存続を申請し、明治四年に許可を得た。翌五年五月に「義社規則」

「貸附金並預り金規則」「歩入規則」を定め、「鰥寡孤独」救済を目的に互助活動と銀行類似業務を開始した。災害時や死亡時の無利息貸与や給付制度を整え、預金、小口の抵当貸付け、出資を行った。しかし本来禄として個々人が得るはずであったものが元手となっていることから、天保義社についてまとめられた『旧中津藩士族死亡弔慰資金要覧』によれば、借金の意識が希薄で貸付金の返済は滞りがちになり、組織改革の話が持ち上がった。[86]

改革の是非をめぐって対立が生じ、推進派と反対派が形成されたが、その根には士族社会の解体を容易に受け入れられない、門閥や旧藩主に依存する士族社会の姿があった。この対立は一六年には双方訴訟も辞さない大きな紛擾に発展し、福澤には対立解消のための仲介が期待された。彼は「勝を好む」は人間の「至情」であるから、たとえ「十二分之不理屈」であってもお互いにおさまりがつくよう、なんとか良い方向に幕を引きたいと考えていたが、しかし結局解決をもたらしたのは、旧藩主奥平昌邁の威光であった。[87] 表向きは福澤を「先生」と呼びながらも、村上田長宛鈴木閒雲書簡などに見られる、旧藩時代重臣たちの福澤に対する冷やかな態度は、変革の難しさを語っている。[88]

中津藩時代に藩政府が進めた帰農商も、前述のように結局は明治八年一月に八五名の復籍という結末を迎え、経済的自立を果たすことはできなかった。士族層が「一身独立」して近代化の先導者となるためには、依然として経済的自立が課題であった。

（三）女性の経済的自立と家族

（1）女性の職業

福澤は女性も「一身独立」すべきであると考えていたので、女性の経済的自立についても、前述のように、たとえば慶應義塾衣服仕立局を設立して、女性に相当すべき職業の創設を考え、「男女交際余論」では、「自今以後は婦人とても何か職業を求めて、如何なる場合に迫るも一身の生計には困ることなきの工風専一なるべし」と、これからは女性であっても「一身の生計」に困ることがないよう何か職業を持つべきことを説いていた[89]。

しかし実際には、女性が職を得て自立するのは困難であった。江戸時代においては女性が担っていた仕事も、明治以降変更を余儀なくされている。たとえば寺子屋の教師は、都市部ではかなり女性の占める比率が高かった。篠塚英子氏の計算によれば、明治維新前後の東京の寺子屋の教師の男女比を見ると、区部では男性一〇〇に対し女性が五四・四であり、三分の一強は女性であったことがわかる。しかし郡部となると男性一〇〇に対し女性わずか四・九であり、東京の平均は三五・九である。地方はさらに割合が下がる[90]。それでも明治初期は、小学校教員は男性より母親の役割を果たすこともできる女性の方がふさわしい、という文部省お雇い外国人モルレー（David Murray）の意見書（明治六年一二月）を受けて、特に初等教育において女子教員が多く採用された。しかし教員養成が制度化されるにつれ、女子教員の相対的な割合は減少していった。師範学校の男女別在学者の数を見ると、年によってかなり増減があるが、明治九年で男子一〇〇に対し女子三・九、翌一〇年が五・四、一〇年代になると増加はするが、それでも明治一八年で一三・九、「男女交際余論」を発表した一九年で一四・〇であった。[91]

また女髪結について、横山百合子氏の詳細な研究がある。[92] 明治以後、政府は女髪結を自営業者として認知しようと考えるが、彼女たちは税負担を回避するため組織化を拒み、多くは廃業を願い出た。営業自体は顧客との個人的な関係で継続することが可能であったが、職業としての基盤は弱いものになった。

産婆も変容した職業である。明治政府は、人口増加政策や倫理上の問題などから、危険を伴う強引な中絶や、殺人行為に等しい間引きを問題視し、明治一三年の刑法では堕胎罪を定め、のちに強化していった。条約改正を視野にいれた外交上の問題からも、間引きなどの風習が文明国にはふさわしくないと見られたこともあろう。産婆には、新たな免許制度が設けられることになった。福澤の義姉である今泉たうは、長男が生まれたか否かという時期に夫を亡くし、福澤のもとに身を寄せていたが、おそらくは彼の仲介により、シーボルト・イネおよびアメリカ人医師シモンズについて産科学を学び、慶應義塾のあった三田で開業した。明治九年の太政官布告の際、帰省していて期限に遅れたため、「御試験ノ上仮免状」の付与を願い出た文書が残っている。[93] 産婆は伝統的な技術ではなく、新たな専門教育を必要とする職業となった。

福澤は、女性にふさわしい職業を見つけようと考えた。特に士族の女性は、前掲時事新報社説の言葉を借りれば、棄てるべき業を持たず、入るべき新しい業を探さなければならなかった。明治一三年一一月には、士族によって創業された中津の製糸会社末広会社から、県と中津市学校からの資金によって、二五名の女性が伝習工女として富岡製糸場に派遣された。伝習工女の派遣は、大分県内の早いところでも明治一五年から一八年であることと比較すれば[94]、この派遣は明治一二年末の福澤と富岡製糸場長速水堅曹との面会による結果と想像される。『田舎新聞』明治一三年一一月一七日付第二七〇号には、増田シカ以下二五名全員の名前および父や兄などの名、年齢が掲載されている。二四名が士族で、平民とあるのは一人のみ、最年長が増田シカの三〇歳、最年少は岩田はる、伊東てうの一一歳で、引率者を兼ねていると思われる増田シカを除いた平均年齢は一四・二歳である。福澤はこの派遣に大いに尽力し、一一月四日付山口広江宛の書簡では、東京到着のうえは「可相成丈世話致候積り」と、宿の手配なども済ませたことを告げている。また一行のなかに、福澤が中津時代に世話になった福見常白(常四郎)の孫娘がおり、福澤は福見に宛て、一行が六代藩主昌暢の正室であった芳蓮院と会ったことや、及ばずながら自分も世話をする旨を知らせている[95]。『田舎新聞』一二月一日付第二七四号では、着船した横浜まで迎えが出て、福澤、小幡篤次郎をはじめとする中津出身者が彼女たちを慰め、芳蓮院からは「遠き他郷へ修業する思想」をほめ「志操《みさお》」を護って「芳名」(評判)を永く落とさぬよう「懇なるお詞」と下賜品があったこと、東京見物も行うことが報じられている。またその後修業中は、見舞人の派遣や、依頼を受けて見舞金の送付も行っている。それだけ彼女たちに対して、大きな期待がかけられていたといえよう。

表１　下毛郡繭産出高（大分県公文書館所蔵大分県統計資料より作成）

	養蚕家の数	繭（石）	玉繭（石）	屑繭（石）	出殻繭（石）	蚕卵紙
16年	500	119	7	5	4	26
17年	3500	140	43	14	3	291
18年	536	161	35	19	8	357
19年	720	300？	45	24	19	985

彼女たちは一六年一二月に修業を終え、帰郷する際にも慶應義塾内に宿泊し、福澤は「何れも糸之事ニは巧者ニ相成候由」と、充分に技術を習得したと述べている。[96]彼女たちは帰郷後習得した器械製糸の技術を活かして、中津においても産業振興に活躍するはずであった。しかし一六年に無事研修を終えても、現実には彼女たちには十分な仕事はなかった。『明治前期産業発達資料』別冊一九によれば、明治一七年段階で末広会社の規模は、座繰が一七組、器械が八釜で女工は三七名、検査を行う男工が七名であった。[97]大分県公文書館所蔵大分県統計資料でみると、一八年から一九年にかけて産出高が二倍以上（七八、〇〇〇匁から一九五、〇〇〇匁へ）に増えており、そこで器械化が進んだとも考えられるが、一七年の段階での年間の操業日数は、約五か月であった。その理由は原繭の不足である。同じ統計資料で中津の繭の産出状況を見ると、器械製糸にかけられるような良質な原繭は不足がちで、玉繭や屑繭の割合が一〇％から多いときで三〇％を超える（表1）。そのため『大分県史』によれば、明治二〇年の段階でほとんどの製糸場の年間操業日数は二か月程度で、三から六か月の操業ができるのは大分製糸場ほか二社であった。せっかく器械製糸を学んできても、末広会社だけでなく他社でも、その需要は少なかった。[98]先の伝習工女のうち、引率者も兼ねていたと思われる増田シカは、帰郷後は金谷小学校付属幼稚園の教諭になったようである。[99]他の

人びとの名前も、大分県統計資料に優秀工女として挙がってくるなかには見出すことができない。ただ中野キク（改姓後高橋）は信州の器械製糸工場で教師を務めており、他の製糸が盛んな地域で職を得ている可能性はある。結局有効な生産手段は、玉繭や屑繭であっても糸をとることができる座繰であった。それゆえに前述のように、中津市学校の資金でわざわざ福島で改良座繰を習った女生徒を教師として雇い、末広会社の一室でその手法を学ばせたのである。

高村直助氏によれば、開港によって生糸が不足し、座繰製糸が普及したが、ヨーロッパでの生糸の生産を妨げていた蚕の伝染病である微粒子病が収まり、フランス・イタリアの養蚕製糸業が回復すると、日本の生糸の質の悪さが評判となり、座繰から器械製糸に移行していった。のちに全国最大の器械製糸業地となる長野県諏訪地方では、諏訪式といわれる器械製糸が広がり、明治二〇年には平野村（岡谷市）で一〇人繰り以上の器械製糸が六五か所を数えるようになった。官営の富岡製糸場のように六〇〇円以上にのぼる巨額の投資を行うことはできず、また蒸気機関ではなく、主には水力や人力を用いるものではあったが、明治八年の九六人繰りの中山社設立を嚆矢として、「大きくいえば機械に合わせて人が作業する「機械の時代」が始まったことを意味する」という。[100] しかし現実には、当時の日本の産業構造においては、改良座繰の持つ利点が大きかったといえる。松浦利隆氏が指摘するように、この時期における座繰は「決して時代遅れのものではなく、むしろやっと慣熟し自在に使いこなせるような成熟期の入り口に立っていた技術として見直すべき」であろう。[101]

中岡哲郎氏によれば、日本の産業構造は「在来産業が、ヨーロッパ工業経済の製品を在来の手工業的分業の内部に、素材や器械として取りこんで新しく開始した発展」と「ヨーロッパ工業経済からの移植産業が日本の市場条件に適応して開始した発展」という、異質でありながら相互補完関係にある二つの流れによって変化してきた。女性の労働力は、ただ西洋からの技術流入によって新しく用意された市場に吸収されるのではなく、むしろ在来産業の展開のなかにも多くの需要があった。田村均氏はファッションの創り手、担い手としての女性に着目し、従来から産業に従事していた女性が生産過程へ主体的に関与することによって、技術革新とその消費生活へのサイクルが生まれ、消費者である女性たちの力量で、流行を取り入れて商品が開発されていった様相を指摘している。[102]また東條由紀彦氏は女工の分析のなかで、彼女たちの労働が「「家業」の遂行に無条件に従属した可能な限り避くべき「家の副業」として第一次的」にあることを述べている。[103]

　中津の女性たちの就労状況などから考えられることは、少なくとも明治二〇年代までは、近代的な産業構造が未発達な段階であり、女性の労働力は「一家」における「業」のなかに取り込まれて行かざるを得なかったということである。女性の労働力が、家内制手工業段階の在来産業に積極的に吸収され、また明治期においては工場労働者ですら「家業」を背負っているのであれば、女性の経済的自立は、大部分において「一家」を媒介にして成立するしかなかった。

　表2は大分県統計資料（大分県公文書館蔵）のうち、明治一五年から二〇年にかけての「市街職人及雇人ノ賃金」と「郡村職人及雇人ノ賃金」の中から男女の別がわかる数値をまとめたものである。女性の賃金は男性に対して六割程度に低く抑えられていることがわかる。福澤が掲げた、

表2　下毛郡賃金表（大分県公文書館所蔵大分県統計資料より作成）

下毛郡	農作（年）		養蚕（日）		日雇	
	男	女	男	女	男	女
17年	18000	9000	100	判読不能	130	80
18年	12500	4700	100	40	—	—
19年	12000	5000	100	40	—	—
20年	13000	6000	100	50	—	—
県内平均						
15年	27047	16348	178	109	—	—
16年	19502	12163	170	107	139	89
17年	18019	10677	133	87	131	79
18年	14783	8734	119	73	105	71
19年	13816	7196	115	65	110	64
20年	14215	7640	108	63	114	67

女性も「如何なる場合に迫るも一身の生計には困ることなき」ためには、後進国としての日本の近代化過程では、「一家」を介在しなければ困難であり、「一家独立」による補完がなければ、経済的自立は果たし得なかったといえる。

(2) 性別役割分業

前項で見たように、在来産業に大きく依存する産業構造近代化の道のりは、女性の労働を家業に吸収していくことになった。それは女性の「一身独立」を「一家独立」に内包していくことを意味した。多くの労働力を女性に依りながらも、産業の現状は女性に対して、福澤が提唱する「一身独立」を果たし得るかたちでは、明治三〇年代までは職業を提供し得なかった。女性向けの職業案内書は、三〇年代後半以降になってようやく充実し[104]、またイギリス留学によって、中流層以下の女性の教育の重要性に気づいた下田歌子が、女子工芸学校を設立し、第一回の卒業生が誕生したのは明治三四年であった。同じ年の工場労働者に関する調査結果である『職工事情』には、女子労働者が相当数記載されているが、それらは廉価な労働力としての需要に応えたもので、女性の自立とは程遠いものであった。[105] このような現実において、女性の経済的な自立は、男性以上に「一家」に依存し、「一家」に果たす役割によって成立することになる。ゆえに福澤も、明治五年の段階で姉や慶應義塾内の女性たちの活計の道を探り、「男女交際余論」では女性であっても何か職業を持つべきと説きながら、前節で見たように、まずは「一家」内における財産のあり方から、女性の「財」を論じたのであった。

福澤は女性が「一家」の財産を所有する論拠として、「家の内事」を担っていることを挙げる。女性の職業を議論しながら、女性の仕事として当然のように「家の内事」を取り上げる福澤の意見は、性別役割分業に見える。ただ福澤のそれは、多分に過渡期的発想であった。前述のように彼は、分業の最小単位は各国の発展段階によって異なり、日本では社会的分業も未発達ななかで、「一家内」における分業は「不便利」であると主張する。「男子は外を勉め婦人は内を治むとは分業の旨であるけれども、妻であっても「世間の附合」は必要で、特に「商売営業」については夫の留守中には代理が務められるように把握しているべきであり、また夫の方も「塩噌薪炭の多寡出入」「衣服家具の種類、員数」などを知り、「子供の起居眠食に注意する等」のことは行わなければならないという。つまり日本の現状では「一家」が最小単位であるから、そのなかで役割を固定化すべきではないというのが、彼の意見である。男女が内と外で互いの役割を固定化し、それが不可侵のものであると認識するものではない。

明治一〇年代末から二〇年代に書いた女性論や男性論、男女交際論では、「男子は外を務め婦人は内に在るべし」という「古教の大主義」に批判的であり、「日本の婦人が内を治ると云うも、その内なるものは一家の内の又その奥の内」で、女性が表に力を及ぼすことができない状況を変えなければいけないと主張する。[106] また晩年の「女大学評論」では、「家の内事と戸外の事」は働く場所が違うため「趣を異にする」だけのことで、ひとたび慣れれば「天性の許す限り男子にして女子の事を執るべく、女子にして男子の業を成すべし」と、男性でも「家の内事」を、女性でも「戸外の事」を成すべきであるという。そして女性が「家の内事」だけに向いているわけではない明白な例証として、女性に文壇の秀才が多いことは日本の歴史が示すところであり、西洋諸国では教育も重んじられているため物理、文学、経済学等の専門を修めて自から大家の名を成す女性もある。官府の会計吏に採用される者もある。医学医術等には男性よりも女性が適当であるという学者の説もあり、現に女医の数は次第に増加していると述べる。[107]

しかしまだ「一家」を離れては経済的自立を望めない日本の女性たちには、「結婚の上にて、婦人に限り家の内を治め又子を養育するの職分」「一家の内事を経営するは妻の職分」(「女大学評論」)があると考えている。[108](傍点筆者、『福翁百話』三五)、

彼にとっては、それゆえに女性は外で仕事を得ることができなくても、経済的な権利を得るべきなのである。家のなかには、妻の職分があり母の職分がある。妻となり母となるのは女性なので、

その職分は女性が果たす。一方で家のなかにはまた、夫の職分があり父の職分もある。そしてそれぞれの職分が、明確に区別されることは「不便利」で、妻も夫も、父も母も同様の役割を果たすことができるのが理想である。福澤は『民間経済録』の翌年に著した『通俗民権論』のなかでは、職分は「己が心に職分と思う所を行うて可なり」「唯心に恥ることをさえ為さゞれば以て職分を守るの人と称すべきなり」という。[109]すなわち、人はその立場によって果たすべき役割を持つが、それは客観的要素によって固定化されるものではなく、人それぞれ異なるものであるという。

福澤は明治五年に刊行した『学問のすゝめ』初編のなかで、「分」や「職分」について、すでに次のように述べている。

士農工商各その分を尽し銘々の家業を営み、身も独立し、家も独立し、天下国家も独立すべきなり[110]

ここで福澤が言う「分を尽し銘々の家業を営」むというのは、『学問のすゝめ』の脈絡から考えれば、士農工商の身分を固定化するという意味ではなく、各人がそれぞれの存在に応じた固有の仕事を持ち、その職分を果たすということであろう。ここで彼が「家業」という言葉を用いたのは、「一身独立」と「一家」との関係を象徴している。「一身独立」は成し遂げなければならない目標ではあったが、経済的自立の側面から見れば、現実には父・夫・母・妻としての職分を各々が定め、

「一家」としての自立を図るしかなかった。ここにまた「一身」を超える「一家」の重要性が生まれ、「一身独立」から「一家独立」への彼の構想は矛盾を内包したといえる。

第四章　ネットワーク形成と家族の階層化

一、近代化構想における人間交際

福澤の近代化構想において、「一身」を「一家」「一国」へと展開させる媒体は、人と人との交際であった。福澤は『西洋事情　外編』のなかで、開闢時には「相交るの道」を知らなかった人間が、自然に「交際の法則」を設け、ついには「人間の交際及び経済の学」をたてたことを述べ、「人間交際の大本を云えば、自由不羈の人民相集て、力を役し心を労し、各々その功に従てその報を得、世間一般の為めに設けし制度を守ることなり」、つまり「人間交際」とは「一身独立」した人びとが集まり、労力や心を遣い、仕事に応じた報酬を得て、定めたルールを守るという、社会そのものであると述べている。[1] また『文明論之概略』においては、「文明とは人間交際の次第に改りて良き方に赴く有様を形容したる語にて、野蛮無法の独立に反し一国の体裁を成すと云う義なり」と述べ、「人間交際」が改良されていく有様が文明であるという。[2] 人と人との交際が社会を成し、文明を生み、近代社会が形成される。

明治六年に執筆された、「豊前豊後道普請の説」では「世の中に最も大切なるものは人と人との交り付合なり。是即ち一の学問なり」と、人間交際は一学問であると述べ、[3] 翌年に出版した『学問のすゝめ』第九編および第一〇編では、人の心身の働きには、「一人たる身に就ての働」と「人間交際の仲間に居り、その交際の身に就ての働」の二種類があり、人は「人間交際」によって「一身の幸福愈大なるを覚る」もので、世の中の「学問」「工業」「政治」「法律」はみな人間交際のために存在するという。[4] そして『学問のすゝめ』第一七編の大尾は、次の言葉で結ばれる。

世界の土地は広く、人間の交際は繁多にして、三、五尾の鮒が井中に日月を消するとは少しく趣を異にするものなり。人にして人を毛嫌いする勿れ。[5]

「人間交際」は近代社会形成の基礎であり、個人から「一家」「一国」へと展開する媒体であり、人びとがつながるための学問であった。彼は人びとが狭い世界に閉じこもることなく、人を「毛嫌い」することなく、多様な「人間交際」を通じて文明化を進め、その結果一身の幸福を感じるべきであると考えていた。

二、交詢社の設立

（一）世務諮詢

明治一三（一八八〇）年一月、福澤等の尽力によって会員制のクラブ交詢社が発足する。「交詢社設立之大意」によれば、同クラブは「社会結合の一事」の未熟を憂い、社員間の知識の交換および世務の諮詢を目的にしていた。[6] また「交詢社発会之演説」において福澤は、全国の社員は知りたいことを本社に諮詢し、本社は必ずそれを受けて「丁寧ニ之ヲ討議」するとともに、他の社員にも諮詢し、結果を報告する。交詢社は「全国人民ノ為ニ知識集散ノ一中心」であり、「人知交通ノ一大機関」を発明工夫したものであると述べている。[7] すなわち意図するところは、新たな情報ネットワークの構築である。近代化を進めるなかで、「人間交際」を近代社会形成の重要な鍵と捉えた彼は、交際を活発化するためには、情報ネットワークの構築が必須であると認識していた。

一九九〇年代以降、宮地正人氏や岩下哲典氏等によって、近世の情報ネットワークに関する研究成果が報告されている。[8] 岩田みゆき氏によれば、「幕末政治史における幕府・諸藩の情報活動の研究」と「豪農商層を中心とする在地社会の情報活動」の両側面からの研究が進み、たとえば海外情報については、幕府が得た情報がどのように漏れたのか、そして在地の情報を幕府がどのように吸収したのかが考察され、その結果ペリー来航前後から「情報の即時性、収集の主体性、量の多さ、内容の正確性の追求」のいずれの点も新たな段階に入ったことがわかるという。[9]海外情報だけでなく多様な情報が、江戸城内の席次による大名のネットワークや、学閥によるネットワーク、吟行を通じてのネットワークなど、様々なネットワークを通じて広がっていった。[10]

しかし、その質はまだ危ういものでもあった。福澤は『福翁自伝』のなかで、咸臨丸でアメリカに行っている間に中津では様々な噂がたち、親類中の一人などは諭吉の母に向って、「誠に気の毒な事じゃ、諭吉さんもとう〳〵亜米利加で死んで、身体は醢けにして江戸に持て帰たそうだなん」となぶっていたというエピソードを紹介している。[11]確かに小倉藩ご用達の飛脚中原屋の風説留には、「中津風聞」と題して次のような記事がある。

公儀より米国へ御指出之御使者、於外国百人斗り毒害かゝ殺し候歟。無疵ニ而腹を立割、塩漬ニ致、江戸表え指送り候由、右人数之内、中津御家中福沢何某と申学者も参居、同様之由ニ而、中津え江戸表より飛脚出来之由、右ニ付中津御家老奥平主税殿愈出府船より致〔至か〕候由、今般承り申候。尚又聞請り可申上候[12]

遣米使節の一行が百人程アメリカで殺され、塩漬けにして江戸に送られ、その中に中津藩の福澤某という学者も含まれていることが江戸から飛脚によって報じられたため、家老の奥平主税が出府する、という実しやかな伝聞である。この時期、情報網は広がってはいたが、その信憑性にはまだ問題も多かったといえよう。

明治を迎え、情報環境はさらに大きく変化した。幕藩体制の崩壊や海外との交易によって、情報の流通経路は拡大し、人びとが接する情報量は格段に増えた。同時に情報の信憑性がもたらす問題も大きくなる。特に、都鄙の差は大きかった。交詢社は情報の偏重を是正し、近代社会に有効な情報ネットワークの構築を目指した。「交詢社設立之大意」や社則緒言には、「入社の諸君よく此意〔都鄙間の交流が未だ薄い〕を体して都鄙相通ずるのみならず、地方と地方との間にも交通の路を広くして、諮詢の旨を達せん」「老壮都鄙ヲ通ジテ彼此ノ知識ヲ交換シ他ノ密ヲ見、他ノ精ヲ聞テ我ガ疎粗ヲ補ヒ、依テ以テ大ニ耳目ヲ洞達スルノ工夫ヲ為ス」と書かれ、中央と地方、および地方間の交流を促し、互いの情報不足を補うことを目指していたことがわかる[13]。発会当時の会員の分布を見ると総数一七六九名のうち、東京在住の会員が六三九名にすぎなかったことは、都鄙間の「人間交際」を促進するクラブであったことの証左といえる[14]。

一三年二月五日に創刊された機関誌『交詢雑誌』は、会員からの質問に応えて、迅速かつ正確な情報提供を行うコレスポンデンス・マガジンであることを旨とした[15]。直接会合に参加することができない会員に対しても、できるだけ多く速く正確に情報を提供し、格差の是正に努めたのである。

彼はすでに同様の目的で、明治七年二月に『民間雑誌』を刊行し、創刊号緒言では、地方からは見聞したことや不審なこと、他の読者のためにも掲載を希望する事柄を寄せてもらい、それらに対して事務局では洋書を調べ、知り得た情報を分かりやすく伝える努力を行って、地方との情報交換を活発にしたいと述べている。実際に編集局と読者間の書簡も残存している。一一年三月二五日付の慶應義塾出版社宛秋田郡五七目町福田甚助差出の書簡を見ると、そこには「馬脾風」という病気が流行して困っているが『民間雑誌』にその対処法を載せてほしいという依頼が書かれており、それに対し編集長中上川彦次郎が四月四日付で、「馬脾風」とはおそらくジフテリアのことで、ジフテリアについてはすでに三月二七日付および二八日付の号に病気の概要と予防の心得を掲載した旨を知らせている。[16]『民間雑誌』は八年六月に第一二編を出して一度終刊し、同じ機能は九年九月に創刊された『家庭叢談』に引き継がれた。一〇年四月二八日発行の第六七号からは新聞の形態となって再び『民間雑誌』と改称され、英国留学から戻った福澤の甥中上川彦次郎を編集長に迎え、日刊となった。しかし、五月一五日付の第一八五号に掲載した大久保利通暗殺事件を扱った社説「内務卿の凶聞」が警視局の干渉を受けたことで、福澤は五月一九日付の第一八九号での廃刊を決めた。『交詢雑誌』はその機能を引き継いだといえる。

(二) 新たな帰属組織

明治一二年七月三一日付で阿部泰蔵に宛てた福澤の書簡には「社中集会の義に付、先づ其下た相談致度」と書かれ、発足の下準備が同年の半ばごろから始まったことがわかる。[17]福澤は設立準備の集会には参加せず、社則起草委員は小幡篤次郎、小泉信吉、馬場辰猪、阿部泰蔵、矢野文雄の五名が務めた。[18] 一方で福澤は、入会を勧誘する書簡を、判明しているだけで明治一二年中に一一通認め、組織に言及している書簡も含めれば、その数は二一通にのぼる。[19] それでも福澤が前面に出ることをしなかったのは、自由民権運動の高揚を受けた、次のような事情を考慮してのことであろう。

建前はともかく実態としては、「三田政党」と呼ばれてもやむをえない側面も強かった。……やがては巨大な政治勢力になりうる可能性をもった人間交際の集団の発足である。その意味で、交詢社に集まった人々は、イギリス型政党内閣制の導入以前は、これを促進する役割を担い、導入が実現した後は、薩長藩閥グループに対抗する政治勢力の中核もしくは後盾となるのではないかと恐れられたのである。[20]

たしかに、のちに君民政治、二院制、議院内閣制、財産制限選挙などをうたった交詢社私擬憲法案が、『交詢雑誌』四五号（一四年四月二五日発行）に掲載されると、大きな反響をよび、活動は立憲改進党につながる色彩を帯びたともいわれる。しかし福澤は、一二年一〇月七日付の岩橋謹次郎郎宛書簡では、「政党ハ間違ならん」と世間で政治活動と誤解されていることを弁明している。[21] また交詢社副規則第二章第一九款では、「大小会ニ於テハ政事ニ関スル問題ヲ議決スルコトヲ得ズ」と政治問題を扱わないことを定めている。[22] 福澤の言葉を信じるならば、設立の発端は、次のように小幡篤次郎らの発案による「同窓会」のような組織であった。

＊此程中より小幡其外社友四、五名の発起にて旧友結社の事を相談致居候。

（明治一二年八月一五日付猪飼麻次郎宛書簡）

＊義塾の同社は小幡君の発意にて同窓会の事を企、昨今略緒に就たり。

（八月二八日付奥平毎次郎宛書簡）

＊近日小幡篤次郎始社友三十名計の発起にて文学講究時事諮詢の為一社を結ばんとて昨今相談中、不日社則も出来可申、出来の上は必ず御報知御入社を促し候事と奉存候。

（九月二二日および一〇月八日付原時行宛書簡[23]）

「同窓会」のような組織であったことは、一二年九月二日に神田美土代町三河屋で開かれた創立準備のための第一回会合に集まった三一名のうち、卒業生でなかったのは江木高遠一人であったことからも想像される。ではなぜ彼らは、同窓会のような組織を必要としたのか。

福澤は先に引用した交詢社発会式での演説のなかで、「封建ノ時代」の情報について、次のように述べている。

我封建ノ時代ニハ三百ノ諸侯各一藩ノ土地ヲ領シ、今日ヲ以テ云ヘバ恰モ一会社ノ体ヲ成シテ人心ヲ結合シ、上藩士ヨリ下領民ニ至ルマデ、有形ノ物、無形ノ事、皆一処ニ集マラザルハナシ。即チ知識交換世務諮詢ノ中心ト称ス可シ。三都ニ在ル藩邸ハ即チ其藩邑ノ支社ニシテ常ニ本社ノ「コルレスポンダント」ト為リ……マタ三都ノ藩邸ハ以テ他各藩トノ交通ニ便利ニシテ、全国ノ景況ハ此支社ノ方便ヲ以テ本藩ニ通ズ可シ……世人藩ニ表スルニ信ヲ以テスレバ、藩モ亦人ニ告ルニ信ヲ以テシ、遂ニハ人ノ言行苟モ藩ノ名義ヲ帯ルトキハ、直ニ信任確実ノ位ヲ得ルノ風ヲ成シテ、知識交換ノ事ヲ行フニ益容易ナリシガ故ナリ[24]

封建時代は人びとの「知識交換世務諮詢」すなわち情報ネットワークの中心に藩があり、各藩が三都（江戸、大阪、京都）に設けた藩邸は、地理的にも、また各藩との交流からも情報収集の場となった。また藩の名が情報の信憑性を保証するものともなった。しかし明治維新によってそれが崩壊し、人びとはあたかも「会社」のごとき所属先を失い、「信任確実」なる「人の言行」を得ることができなくなった。そこで封建的な組織とは異なる、新たな組織を形成し、人びとはその組織に帰属することによって、藩に代わるアイデンティティを得、「信任確実」な情報を得ることができる、そうした組織が必要と考えられた。そこから「同窓会」的な発想が生まれ、交詢社のような組織に帰着したと考えられる。

すなわち交詢社は第一に、明治以降情報過多の状況下において、都鄙の差なく知識や情報を迅速かつ正確に伝搬することを目指し、第二に封建的な組織に代わって、人びとが新たな帰属意識を持つことができる組織となり、構成する人びとに対してアイデンティティを与え、かつ知識や情報の交換に際して信頼性を付与できる組織の形成を目指したといえる。近代社会に適合する、新しい情報ネットワークの形成であった。[25]

三、女性の排除と男女交際論

しかし、この新たな情報ネットワークから、女性は除外された。すでに明治三（一八七〇）年に執筆した「中津留別之書」において、男女に軽重の別がないことを説き、また『学問のすゝめ』第八編でも男女の平等を説いた福澤であったが、[26]交詢社に女性を入会させる発想はなかった。正確には、社則の会員欄に男性に限ると明記されたわけではないが、現在に至るまで女性会員は存在しない。[27]

その理由のひとつには、発会当時の慶應義塾に女子学生がいなかったことが考えられる。[28]「同窓会」的な発想から慶應義塾の人脈を核にすれば、男性のみとなってしまうのは当然であった。また他方鎌田栄吉の回想によれば、交詢社の規則は、簿記の教師である竹田等の家に、慶應義塾の関係者で「その時分の新知識とでもいふやうな人は殆ど」集まって議論をして定めた。海外留学経験のある者が呼ばれたが、手本がないため「西洋の本などを翻訳して」議論をしたという。その過程では英国の紳士クラブなどをモデルとしたと考えられ、その点からも女性会員という発想は生じなかった。

女性を積極的に排除したわけではなくとも、入れることをしなかったことは、交詢社が都鄙間の情報格差を是正する目的を持っていただけに、その影響は大きいといえる。地方自治の面で見れば、前述のように、日本の近世の村落社会では、地域差もあるが、家主階級になれば、女性であっても村役人選出の入札などで投票権を行使し、村自治に関する寄合に参加する例も相当数あった[29]。領主たちは実態に即して村請負を行いたいと考え、女性が家主であれば、当然女性自身がその権利を行使した。その点では男女間格差は少なかったが、明治政府は徐々に地方自治の場から、女性を排除していった。明治一一年四月から五月にかけて開催された第二回地方官会議では女性参政権が議論されたが、同年七月の府県会規則以降、一七年五月改正区町村会法、二一年四月市制・町村制、二二年二月衆議院議員選挙法、二三年府県制・郡制とことごとく女性の選挙権は否認されていった[30]。それに加えて交詢社のような組織が女性を会員にしなかったことは、情報のネットワークからですら女性を除外したことを意味する。女性たちからすでに持っていた公的な権利を奪うだけでなく、近代社会の直接的な構成要員から排除したことになる。近世社会においては存在していた女性の力が、近代社会では活用されない。近代化の手本に見えた西洋の模倣が、女性にとってはむしろ社会的地位の後退を生んだ皮肉な結果といわざるを得ない。

福澤は人と人との交際が近代社会を形成すると考え、女性にも「交際之道」を開きたいと考えていた[31]。近代日本は「男女共有寄合の国」「国民惣体持の国」にしたいと考え、もし女性を活用せず「有れども無きが如」くに扱うのであれば、国を支える力は半分にとどまってしまうと主張する。

ゆえに彼は、女性が人間交際の場から除外されてもいいと考えていたわけではなかった。『男女交際論』では、冒頭で交際の重要性を述べ、「婦人をば人間交際の外に擯斥して有れども無きが如きの地位に陥らしめたるは、我日本国の一大不幸と云うべきものなり」と、女性を交際の場から排除していることは「一大不幸」だと指摘している。[32] 彼は近代社会において、男女はお互いに智徳を高めあう関係にならなくてはいけないと考えていた。明治以降は「文明男女の交際」を進め、「有形」に「知見」を増し「無形」に「徳義」を進める関係を築くことが重要であった。[33] すなわち近代社会は男性だけではなく、女性もともに交際を通じて形成すべきものであった。しかし、交詢社のような新たな情報ネットワークからは、女性が排除されてしまった。

それでは近代社会において、女性は他者とどのような関係性を築くことができたのか。

四、福澤家における人間交際

彼は女性が人間交際の担い手となる方法として、明治一八（一八八五）年頃から、福澤家で女性を主客とする集会を行うようになった。同年四月五日には、福澤の妻錦が主人となり女性七、八〇名を招いた会を、翌年五月一日には錦と長女里《さと》、次女房《ふさ》が主人となって女性五〇名ほどを招き、「社中之バッチロル八、九名」もホストとなって和洋食の立食パーティを催した。[34] 福澤はこの会の様子をアメリカ留学中の長男一太郎に手紙で知らせ、「此様子ニては婦女子も次第ニ交際之道ニ入る事難からずと、独り窃ニ喜ひ居候」と女性にも交際の道が開けたことを喜んでいる。[35]

福澤家では、この後も女性が参加して多くの集会が開かれた。季節の宴もあれば、珍しい到来物を楽しむこともあり、外国人を招待してのパーティ、音楽会や落語会のこともあった。いずれも格式ばらず、平服で参会できるようなもので、立食形式も多かった。なかでも、茶話会は人と人との交際の推進を目的とし、案内状には次のように書かれていた。

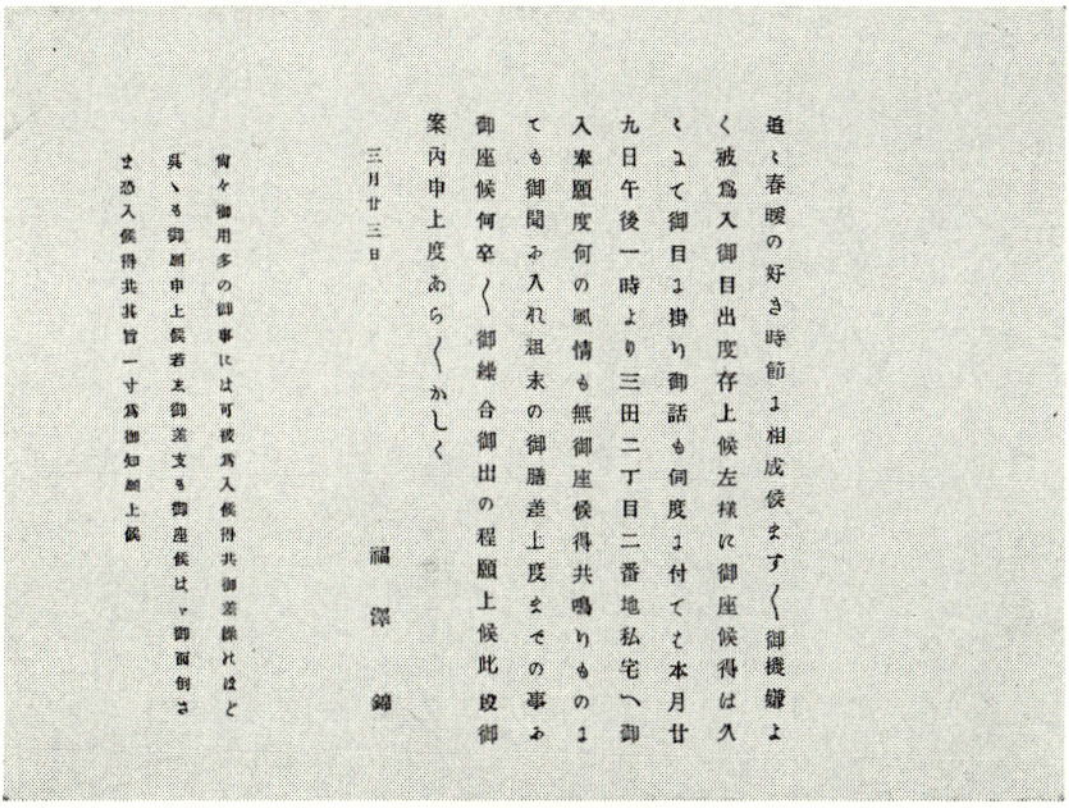
追々春暖の好き時節に相成候ます〱御機嫌よく被為入御目出度存上候左様に御座候得は久々にて御目に掛り御話も伺度に付てゝ本月廿九日午後一時より三田二丁目二番地私宅へ御入来願度何の風情も無御座候得共鳴りものにても御聞に入れ粗末の御膳差上度までの事に御座候何卒〱御繰合御出の程願上候此段御案内申上度あら〱かしく

三月廿三日　福澤錦

尚々御用多の御事には可被為入候得共御差繰れはと呉々も御願申上候若し御差支も御座候はゞ御面倒さま恐入候得共其旨一寸為御知願上候

家庭音楽会案内

同日の趣向は、態と御饗応の用意不致、真実文字の通り粗茶粗菓を呈するのみ。亦以て来賓の方々御談話の媒介にも相成候はゞ、主人の本意不過之。何卒其御含を以て御繰合、秋宵二、三時間を拙宅にて費し候様、呉々も御案内申上……

尚以、私方は例の如く無人殺風景、ろくに御持成しは出来不申、一切万事来賓の御随意に任するのみ。其辺は幾重にも御海容被下、恰も主人相識らざるもの、如くにして、御銘々の御勝手次第に談笑遊戯の自在を願ふ計りに御座候。

目的は来賓同士の交流であり、その談話の媒介になることが主人の本意であった。[36]

こうした福澤家の集会のあり方を、明治一六年に建設された鹿鳴館でのパーティや、首相公邸でのファンシーボールなど、文明化の一環として演じられた特権階級による集会と比べてみれば、福澤の意図がより明確になる。彼は、浄土真宗大谷派（東本願寺派）の僧侶である寺田福寿から、爵位をもつ上流階級の婦人を中心とする貴婦人法話会（明治一九年六月設立）へ妻や娘が誘いを受けた時に、次のように答えている。

同日の拝参衆は貴族婦人のよしなれ共、此貴の字は政府上の貴には有之間敷、例へば鹿島家の婦人等も貴婦人にして、三条の細君、岩倉の後室と同様なるべしと存候得共、若し或は然らずして華族官員等の婦女が正賓にて他は其陪席抔申す如き本願寺流の俗会ならば、拙家の妻児も拝参御断申度、陽に陰に少しにても其意味ある事ならば無御伏臓為御知被下度奉願候

妻や娘にとって「御説法」を初めて聞くよい機会であるといいながら、拝参衆は貴族婦人であるというが、その「貴」とは何を意味するのか、華族官員を「貴」として、その他と序列をつけるような会なら妻や娘は参加しないという。[37]

福澤が目指した女性も加えての人間交際は、身分にとらわれない開かれた情報交換、世務諮詢が

行われる場となるべきものであった。人びとが銘々自由に会話を楽しみ、そのなかで必要かつ有益な情報を得る。福澤や福澤家が主催した集会が目指したものは、そうした情報ネットワークの構築であったといえる。

しかしながら、世間一般における集会は、別の方向に進んでいた。日清戦争を経て日本経済は好景気に見舞われ、明治二九年に入ると福澤もニューヨーク在住の門下生村井保固、森村明六に「日本ハ商売繁昌にして、商界ハ恰も狂するが如し」「日本之商界ハ近来頻りニ繁昌之よし」と書き送っている。[38]日本は企業勃興期を迎え、「紳士紳商」を称する人びとは、会社の発起や事業計画の相談のために頻繁に会合を持つようになった。それは半妓半娼の芸妓を侍らせて酒を酌み交わし、放歌乱舞、泥酔昏倒を繰り返すものであった。福澤はこうした費用を株主に負担させるのは背任行為であるといい、本来は「会するが為に飲食する」べきところが本末転倒していると、『時事新報』紙上で徹底的に批判し「文明の交際法」を提唱した。小室正紀氏の分析によれば、当時蔓延しつつあった集会の方式が、「個人倫理の厳しさを備えた経済人が成長すること」を願望していた福澤に、日本の経済人のモラルに対する疑問を抱かせ、二九年八月に『時事新報』に掲載された「紳士の宴会」（一六日）、「宴会の醜態」（一八日）、「集会と飲食」（一九日）、「集会の趣向」（二一日）、「社会の交際」（二三日）、「社会の交際に官尊民卑の陋習」（二六日）の六本の社説は、そうした彼の疑問と批判の象徴であった。また福澤は「文明社会のために集会・交際の必要性を高く認めるからこそ」、男女ともに集まり歓談を楽しむような、負担が少なく永続性のある集会を開くべきであると考えていた。[39]

彼は、人びとが男女に関係なく気軽に集まり、世務諮詢をなし、あらゆる情報の交換の場となる新しい形の情報ネットワークの形成を意図した。「男女交際余論」のなかで彼は、「交際の法」について述べ、最も大切なのは「談話《はなし》の種子《たね》」を作る事であるという。人の噂話や個人攻撃をするのではなく、芝居音曲等の品評でも、あるいは旅行、富貴の安楽、貧賤の難渋、その日の暮らし向き、冠婚葬祭の有様などでも、「唯その有るまゝに見聞して、その時自分の心に浮びしまゝの考え」を添えて人に語れば、それがおもしろい談話を生む。名所旧跡で求めた名物などを自宅に陳列すれば、それらが自宅での会合の際によい「談話の種子」となる。女性は無口を好まれがちだが、無口では交際できない。そして、それらの会話から知り得るのは社会全体である、と次のようにいう。

婦人の談話種子を多くして、能く人にも語り、又人の言を聞いても能く之を合点せんとならば、社会全体の有様を知りて、大凡そその釣合を弁ずること最も大切なり[40]

そうすればたとえ学問の修業がなくても、日常生活のなかから経済の釣合を知り、歴史を知り、政治を知ることができる。

西洋の語に知見是れ権力なりと云うことあり。日本の婦人には是れまで世事の知見なきが故に世事に付ても亦権力なし。この点より見れば婦人社会に知識見聞を増すは、その交際を便利にするのみならず、亦その権力を進むるの媒介《なかだち》たるべきなり。[41]

つまり、女性も集会を通じて知識見聞を増し、経済、歴史、政治などに関する情報を得ることによって、ついには権力を得ることができるようになると主張する。福澤はまた、次のようにいう。

その貧富を問わず、苟も家計に少しの有余を得て少しく閑暇あらん人々は、手軽に往来会合して心おきなく談話し又遊戯し、男女打交りて互に交情を通じ、知らず識らずの際に互に知見を交換せんこと冀望に堪えず。[42]

福澤は女性たちが集会を通じて「交際之道」を開き、知識見聞を増す情報ネットワークを形成することによって、「権力」を得ていくことを望んでいた。「一家の細君となり又子をも産みたる者」は学問をする時間もままならないが、「この種の年長婦人」を交際の外に置くようになってはいけないと、主婦たちにも道を開くべきことを述べている。[43]

五、福澤家の女性たちのネットワーク

それでは実際に彼の身辺にあった福澤家の女性たちは、そのような情報のネットワークを作り得たのであろうか。管見の限りでは、福澤の姉や妻、また娘たちに関する資料から判明する彼女たちの交際範囲は、ほとんど縁戚関係の域を出ない[44]。のちに東京ＹＷＣＡの会長も務める四女の志立滝と、福澤の義姉でシーボルト・イネやアメリカ人医師シモンズについて産科学の修業をし開業した今泉たうが、わずかな例外である[45]。妻錦は俳句を嗜み、句会にも参加していたが、幕末に志士たちと交わった松尾多勢子や黒沢止幾子のように、会合を通じてネットワークが広がった形跡は見られず、慶應義塾内の活動に止まっている。また錦には婦人矯風会から入会の誘いがあったが、津田初宛に福澤が断った手紙が残っている[46]。

福澤家で行われた集会は、表面上は女性も主体性をもった交際に見え、女性のネットワークの広がりを感じさせる。しかしその実は、たとえば前述の明治一九（一八八六）年の集会では、招待状は福澤房（次女）、中村里（長女）、福澤錦の名前で作られているが、荘田平五郎夫人田鶴に宛てた招待状は、荘田平五郎宛の福澤諭吉の書簡に同封され、福澤は「婦人之交際」を始めることは「兼て之志願」であるから、ご迷惑であることは十分に承知しているが協力してほしいと依頼している[47]。

また明治三二年一一月一一日の園遊会および三三年六月一〇日の茶話会は、招待者名簿が残って

いる。[48] 前者は「全快祝園遊会招待婦人人名」とあり、女性だけがまとまって挙げられている名簿がある。後者は「茶話会招待状発送人名簿」で「婦人客姓名ハ巻末ニ記載ス」とあって、夫人や娘を同伴した者は、それぞれの人物の記載箇所にも印があり、末尾には女性だけをまとめたリストが掲げられている。前者は福澤の脳溢血発症からの全快祝なので、集会の意味合いが異なるが、二つの名簿を比較するとほぼ同じような人選であるので、彼女たちが集会時の招待客の中核であるといえよう。この名簿で重要な点は、そこに記されている人名が「井上角五郎夫人」「伊藤欽亮夫人」のように○○○○夫人か、もしくは○○○○母、○○御隠居と表記されていることである。外国人も同様の表記で、ただ同伴している娘たちは「娘おむら」「娘おせい」のように多くは名前で書かれている。

名簿の表記自体は、おそらくは担当者が欧米の表記法を踏襲したにすぎない。福澤の妻錦の名刺が残っており、表面には「福澤きん」裏面には「Mrs Yukichi Fukuzawa」と印刷されている。これが当時の英語の一般的な表記である。福澤も書簡で夫婦に宛てる際は、「宇都宮御夫婦様」あるいは「荘田平五郎様同奥様」のように書く。[49] もちろんこうした表記法が習慣になっていること自体を、潜在的な意識という点から論じなければいけないが、ネットワークの形成という観点から考えて重要な問題となるのは、挙げられている○○○○という人物が、妻や娘たち自身の知り合いではなく、福澤諭吉の関係者にすぎないことである。女性たちは彼女自身の知人関係ではなく、夫や息子によって与えられた属性によって集められたのである。[50]

酒井良明夫人	娘おりう		門下生
坂田実夫人			門下生
北里夫人			友人（医師）
清岡公張夫人			縁戚
木村芥舟夫人			恩人
木村浩吉夫人			恩人子息
三岡丈夫夫人	娘おつる、お千代、おこう		縁戚
三宅豹三夫人			門下生
志立金弥夫人			縁戚
ショー夫人			慶應義塾教員
進藤隆之介〔助〕夫人			友人（医師）
下村善右〔衛〕門夫人			友人（財界）
平岡頼一夫人	令嬢三人		—
本野英吉郎夫人			—
森下岩楠夫人			門下生
森下　若夫人			門下生
鈴木常三郎夫人			門下生
~~鈴木夫人~~			友人　旧同藩か

＊　〔　〕は筆者が補った。
＊　—は不明を表わす。
＊　栗塚省吾夫人は知人旧小倉藩士清水永之助娘。
＊　マイクロフィルム版福澤関係文書 F8-B09 所収「全快祝園遊会婦人招待人名」より作成。

結局そこに集まっていた女性たちは、福澤諭吉のネットワークによるものにすぎず、女性たちは彼の友人知人の妻や娘にすぎない。前掲書簡で、これから女性も「交際之道」に入ることは難しくないと福澤は一人喜んではいたが、彼が作り得たのは女性個人ではなく、家族を単位として成り立つネットワークでしかなかった。夫や息子、父に帰属する存在としての女性の交際にすぎないのである。

福澤は江戸時代において、人びとが個々の能力ではなく、封建制度のもとでの身分、さらには出自の家格という属性によって評価されたことに憤りを感じ、またそれでは幕末に自身の目で確かめた、欧米の進んだ文明の国家と肩を並べるようには成長できないと考え、明治以降は近世的な価値観からの変革を目指した。『学問のすゝめ』では、人びとは平等に生まれ、貴賤上下の差は学問をするかしないかによって決まると説き、明治一〇年執筆の「旧藩情」では、中津藩時代に

表3　明治32年11月11日園遊会女性参加者名簿

記載名	書込み	備考	夫もしくは父と福澤諭吉との関係
岩崎おてる		招待状見合	友人（財界）
岩崎おすい		同上	友人（財界）
井上角五郎夫人			門下生
伊藤欽亮夫人			門下生
石河幹明夫人			門下生
飯田平作夫人			門下生　縁戚
飯田三治夫人	娘おむら		門下生　縁戚
岩崎久弥夫人			門下生
ロイド夫人			慶應義塾教員
林董夫人	娘じゅん子		縁戚
浜野〔定四郎〕夫人	娘おやゑ		門下生
堀〔井〕卯三郎夫人			門下生
ペーリー夫人	娘三人		慶應義塾教員
富田鉄之助夫人			友人（財界）
豊川良平令嬢			門下生
大澤老人夫人			縁戚
小幡夫人　篤次郎	娘おせい		門下生
岡本夫人　貞烋			門下生
小川駒橘夫人			門下生
小浦鉀三郎夫人			門下生
小野友次郎夫人			門下生
尾崎栄子			門下生妻
岡村武四郎夫人			友人（出版界）
小幡英之助夫人			門下生
藁谷英孝若夫人			門下生
門野幾之進夫人			門下生
甲斐織衛夫人			門下生
金平豊太郎夫人			門下生
梶夫人			—
鎌田栄吉夫人			門下生
笠原文次郎夫人			友人　財界
吉武誠一郎夫人			門下生
吉川慎一郎母			門下生
武田秀雄夫人			—
中上川彦次郎夫人	太郎一、おつや、次郎吉、三郎次、鉄四郎、おみち、勇五郎、小六郎		門下生　縁戚
中村〔道太〕御隠居	娘おみち、一蔵		友人　財界
中村道太夫人			友人　財界
宇都宮三郎夫人			友人　技術者
潮田御隠居〔千勢子〕	娘おゑみ、□保		縁戚
内田おゆめ		招待状見合	門下生妻
栗塚省吾夫人			法曹界
松山棟庵夫人	娘おくみ		門下生
松尾清次郎夫人	令嬢		法曹界ヵ
福沢英之助夫人			門下生
ブラック夫人	令嬢		慶應義塾教員
古河御隠居			門下生
藤山雷太夫人			門下生
近藤良薫夫人			友人（医師）
同　若夫人			友人
小泉夫人	娘おせん　鈴木おきく		門下生
朝吹英二夫人	娘おふく		門下生　縁戚
荒川新十郎御隠居			縁戚

上士階級と下士階級の間に厳然と存在していた理不尽な差異が、明治以降なくなりつつあることを述べていた。[51] しかし女性にとっては、明治になっても新しい人間関係を自らの力により生み出す環境にはなかったといわざるを得ない。

福澤は人びとに「一身独立」を求め、近代社会を形成するために、門閥制度からの変容を促した。しかし女性たちが、自らの広がりにおいてネットワークを作り得ず、父や夫を介してのネットワークに所属するのであれば、「一身独立」した人間による交際とはいえない。家族を単位とするネットワークに所属するのであれば、彼女たちは自らの「一身」ではなく、いかなる家族に所属しているかという属性をもって判断されることになる。それは結果として、女性たちに他律的な新たな階層性を作り出すことになる。

六、『学問のすゝめ』における競争原理と女性

彼は『学問のすゝめ』初編において、出発点の平等を説いた。彼は、人はすべてを平等に与えられるといっているわけではない。スタートラインは同じであるが、その後は学ぶか否かによって、差異が生じる。現実社会においては競争原理が存在し、「かしこき人あり、おろかなる人あり、貧しきもあり、富めるもあり、貴人もあり、下人もありて、その有様雲と泥との相違」がある。[52] 彼は競争がある自由主義こそが、近代社会を形成しうると考えた。それゆえ、晩年には「コンムニズム

とレパブリックの漫論を生すること」を恐れていた。[53]しかし競争の原理は、女性たちにも通用するのであろうか。彼は、社会を形成する前提となる交際の場から疎外された女性たちに、「交際之道」を開こうと考えた。しかし、それが前述のように、夫や子どもから得る属性を利用してのものになってしまえば、出自による制限から逃れ得ない。世務諮詢を目的とする、交詢社のような個人による情報ネットワークとは、大きな差異が生じる。

福澤は、「旧藩情」のなかで、旧藩時代の階級社会の弊害を解消するものとして、異なる階層間の婚姻をあげ、その「功能」は学校教育に万々劣らないと書いている。[54]しかし明治三六年の『人事興信録』を見れば、登載者すなわち社会的にある程度の地位を得ている人物の妻には、華士族の娘が多い。[55]また福澤家の例を見ても、通婚の範囲は広いとはいえず、諭吉の孫の代では二組のいとこ同士の婚姻がある。福澤の兄三之助も、いとこである年《とし》（父の妹の娘）と結婚した。江戸時代においては身分制度が厳しく、特に中津藩は天保三（一八三二）年から九年にかけて縁辺事件と呼ばれる騒動が起こり、同じ上士階級のなかですら婚姻を制限しようとした。家老になる家柄の大身衆と、参勤交代に随従できる二〇〇石以上の供番との間で、それまでは自由になされてきた婚姻を、今後は大身の娘が供番に嫁すことはあっても、供番の娘が大身に嫁すことはできないと大身衆側が供番側に申し入れ、反発した供番側と争いが起こった。婚姻によって家格が上がることを防ごうというのである。この騒動に関する処分は、天保五年および九年に下されたが、大身衆側の処分は比較的軽く、供番側は少なくとも隠居五名を含む一一名の処分者が出て、藩の方針は身分を固定化する方向にあったと考えられる。[56] こうした通婚圏の狭まりが、明治以降、再び封建的身分制度とは別の形で起こっていると推定される。通婚範囲も狭く、ネットワークもないなかでの競争原理は、男性よりもさらに過酷である。

福澤は、『品行論』の中で、売春婦を必要悪であり時に「濁世のマルタル」（マルタルとは法教の主義のために生命を犠牲にする者の名）であるといいながらも、「人類の最下等」「人間社会の外に擯斥」すると容赦ない。また『実業論』の中では、日英の紡績業を比較したうえで、英国が日本に及ばない三つの点のうちのひとつに労働者の「賃銀の安き」をあげる。[57] 国際的な競争力を考えれば、確かに大きな要因である。しかし、女子労働者から見れば、低賃金に加えて一日の機械稼働時間が一〇時間の英国に対し、日本は正味二二時間を昼夜交代制で勤務する方式では、たとえ出発点を同じに与えられたとしても、学ぶ機会が平等に与えられているとはいえない。結局はどのような「一家」のもとに生まれるかが、その女性の属性を決定し、そこから脱することは困難であったといわざるを得ない。

第五章　女性と教育

一、慶應義塾における女子教育

福澤は、「中津留別之書」（明治三年）や「中津市学校之記」（四年）、『学問のすゝめ』（五年）のなかで、「一身独立」のためには、学問が重要であると強調する。学問によって、人は自身のなかに拠るべきものを確立することができ、他人の智恵によらず、自らの力で判断し決定することができるようになる。貴賤上下の差別なくこの世に生まれてきたはずの人びとに、現実には雲と泥にも等しい差が生じるのも、学ぶか学ばないかにある。

福澤が主張する学問は、伝統的な儒学ではない。日本において教育の中心となっていたのは、先哲の言葉を覚え、書物の読みようを知ることであった。学問とはそうではなく、判断をするための情報として、物事の根本や理を学ぶことである。彼はそれには洋学が有効であると考えていた。[1] 遣欧使節団の一員として派遣され帰国した文久三（一八六三）年ごろから、彼は自身が預かっていた中津藩江戸中屋敷内の蘭学（このころより英学）塾を、近代的学塾となるよう様相を整えていった。慶応四（一八六八）年には、それまで名前がなかった塾に、時の年号をとって慶應義塾と命名し、以後カリキュラムや学則類を充実させていった。

そのなかで男性と対等に「一身独立」すべきであると捉える女性に対しては、彼はどのような学問とそれに伴う教育が必要であると考えたのであろうか。そこからは、社会に対し女性が果たすべき役割についての期待を読み取ることができる。とりわけ明治期の良妻賢母教育との関係は、「一家」における女性の役割に関する志向を明らかにしてくれる。

①慶應義塾衣服仕立局　慶應義塾における女子教育機関の嚆矢は、明治五（一八七二）年八月に設立された慶應義塾衣服仕立局といえる。この組織は、衣服の縫製や洗濯を事業とすることによって、女性の自立を支援するとともに、仕事の合間に「読書そろばんの稽古」を行うものであった。前述のように彼は、女性が経済的に自立することができず、特に都会の女性たちがそれを非とも考えず、ひたすら男性に依存して生きるのは、女性にふさわしい職業がないからであると考えた。開業引札（広告）である「日本西洋衣服仕立せんたく」には、せめて慶應義塾の中だけでも、男性に依存する「無頼の婦人」はひとりとして作りたくないと述べている。[2] 明治改元後、義母義姉に加え、明治三（一八七〇）年に母と姪、五年に姉二人と、さらに主君であった奥平昌邁が扶養する女性た

ちも慶應義塾内に引き受けた福澤にとって、女性の自立は切実な課題であった。特にこれまで特権階級ゆえに、原則として家事以外の労働とは無縁であった武家の女性たちの自主独立は、簡単ではなかった。

明治五年に京都の学校制度を視察に訪れた彼は、教育の浸透に強い感銘を受け、その様子を「京都学校の記」に認めた。すぐに写本を作成して、「学校を盛ニスル外ニ、決而急務ナシ」との言葉を添えて、山口県令中野悟一に贈ったことからも、学校の効力を再認識したことが知れる。[3] この時に視察した学校のなかに、同年四月に開校したばかりの「英学女工場」があった。女工場(にょこうば、じょこうば 女紅場とも書く)は、関西を中心に主に北陸や九州地方で見られ、手工芸を中心に学ぶ女子教育機関で、実態は様々であった。明治八年六月の東京府府達によれば、遊郭における芸娼妓の授産教育施設も女工場と呼ばれていた。[4] 福澤が見た「英学女工場」(正式名称「新英学校及女紅場」)は、七、八歳から一三、四歳ぐらいのあらゆる身分の女子一三〇名余が、イギリス人女性から英語を、日本人女性からは裁縫のような女工を習っていた。福澤は彼女たちが学ぶ様子を「花の如く、玉の如く、愛すべく、貴むべく」と表わし、「愚癡固陋の旧習を脱して独立自主の気風に浸潤」すれば、「全国無量の幸福」に繋がると期待した。そして帰京後すぐに、英学女工場を手本に、女性のための授産教育施設として、慶應義塾衣服仕立局を構想したと想像される。六年四月には、旧藩時代に主君であった奥平家の女性たちにむけて慶應義塾内部に同様の施設が作られている。[5]

②女学所　次に慶應義塾の中で女子教育が試みられたのは、「女学所」である。明治六（一八七三）年一〇月一一日付の福澤の書簡に、長女里《さと》（慶応四年四月生）が、三田藩の旧藩主九鬼隆義の妹「あい」から、習字や漢書の基礎などを習っている様子が書かれている。[6] 明治九年に執筆された「福澤諭吉子女之伝」によれば、福澤家では読み書きなどの基礎教育は、福澤とその妻錦が担当していた。[7] しかし、長女が学齢に達する頃には、錦には一〇歳、八歳、五歳、三歳の四人の子があり、子どもの世話に忙しく福澤家に同居していた九鬼あいに依頼することにしたのであろう。その学習効果を見て、彼は女子に対しても組織だった教育を行うことを計画し、「女学所」を設けたと考えられる。「あい」の兄九鬼隆義に経過報告を約束していることから、「あい」が教師を務めた可能性が高い。しかし「女学所」のその後については不明である。教師がひとりでは、維持は困難であったと推測される。

③宣教師ホアによる教育　明治九（一八七六）年になると、英国国教会系の女性宣教団体レイディズ・アソウシエイション Ladies Association の宣教師として来日したアリス・エリナ・ホア Alice Eleanor Hoar が、慶應義塾構内にあった福澤家の二階に、英語、裁縫、編み物や賛美歌を教える塾を設けている。ホアの書簡（明治九年一〇月七日付）によれば、生徒数は一一名（内一名は男児）であった。[8] 宣教師A・C・ショー Alexander Croft Shaw らは、ホアに対する福澤の協力について、自宅二階を無償で提供し、生徒の募集にも尽力してくれていることや、ホアには干渉せず、ホアは福澤の保護と支持を得て有利な条件にいることなどを本部に報告している。[9] 東京都公文書館に残る

記録「府下居住各国人明細表」によれば、福澤はホアを英語教師として月給二〇円で雇っている。またホアによれば、生徒たちのなかには福澤に月謝を支払っている者があった。[10] 福澤が慶應義塾においても、それまでの日本の教育機関にはなかった定額授業料の制度を導入し、収支を明らかにすることで教育環境への投資を可能にしたことを鑑みれば、女子教育においても念頭に近代的学塾経営があったと推測される。

しかし、当初三年であったホアの雇用期間は、前掲書類によれば一〇年四月三〇日で終了となった。前述のショーが新居を建てたのを機に福澤家を離れ、同時に塾も終了した。ホアによれば福澤が引きとめることはなく、[11] ホアの教育が福澤の期待に応えるものではなかったことが考えられる。当初彼は、進んだ西洋の女子教育の導入に期待した。しかし、もともとレイディズ・アソウシエイションは異教徒の少女たちのキリスト教化が目的であり、教育内容に関して福澤の志向とは相違が生じたであろう。

彼は明治九年一〇月一四日発行の『家庭叢談』第一一号で、次のようにいう。近来女子教育への関心が高まっているが、何のために学問をさせようとするのか。女子教育に関する議論が盛んだから「世間並のお附合」なのか、それともこれから妻となり、一家の世帯を引き受け、子の母として差支えがないように仕込むためなのか。後者ならば西洋の女性のもとで「西洋女」を習わせるのではなく、「日本流の世帯持」「日本の細君」になるための教育が必要であると主張した。また一〇年に執筆した『民間経済録』の中では、近年ある西洋の女教師が来日して、文学、音楽、料理、針仕事などを「無学無芸なる日本の女子」に教えて西洋文明を訓導しようとしたが、その教師が教える刺繡や縁取りといった手芸は「日本に在ては玩物に等しき仕事」にすぎず、それならば糠袋や襦袢の縫い方などを覚える方が緊要であると述べている。この文章は、さらに『福澤文集 二編』(明治一二年)「女子教育の事に付某氏に答」に引用された。福澤は、日本には日本の「国風」というものがあり、それに従うのは「人間社会の大法」である。それにもかかわらず、聖書を読みピアノを弾き、袖口の繕いは人に任せて自身は刺繡を楽しみ、裾を引きずってそのまま畳を汚し、老人を見下すような態度をとる「当世流の学校女生」となすことは「必ず御見合せ」るべきであると主張する。[12]

こうした彼の考えに対して、日本で女子教育を展開したいと考えていた「西洋の女教師」のひとりフローラ・ベスト・ハリス Flora Best Haris(函館にある遺愛学院の創立者)は失望し、メソジスト教会の機関紙 *Heathen Woman's Friend* の一八七八年第一〇号に An Asiatic View of Higher Education を寄せた。

そこでは、新しい日本で最も優れた知性を持つ(one of the finest winds in the "new Japan") 福澤ともあろう人物がこのような幼稚な了見しか持てないことを嘆き、将来必ずやイヴ(Eve)が立ち上がり、強いフェミニズムの論理で、福澤が「失望の泥沼」から抜け出ることを助けると信じていると述べている。福澤は女子教育を行うのであれば、まず実際の生活に活かすことができる知識を教えるべきであると考えていた。[13]

第壹番

氏名	出席	算術	漢書	英書	書畫	大試業
原田俊吉	一〇〇	九二	九九	一〇〇	一〇〇	九五
鈴木熊太郎	一〇〇	九四	九八	九二	七八	八六
島津知惠造	九六	八五	九一	八五	九八	七五
中川愛咲	九五	八九	七九	八五	七三	八〇
黒田長成	九七	八五	七二	七七	七五	七二
高力久也	九六	九〇	八八	九〇	二一	八九
早矢仕四郎	九八	九二	五三	七七	四八	七六
古川岩吉	九四	七三	四〇	六一	六四	六三
門野重九郎	四〇	二八	三三	二七	三四	七〇

等二番

氏名	出席	答數	漢書	英書	書畫	大試業
中山三保太郎	九九	七五	九一	九二	八九	九三
蘆野敬三郎	一〇〇	八八	八四	九九	六五	八二
瀧本於兎次郎	九六	七五	九〇	八一	一〇〇	七二
福澤阿三	九九	四四	九四	八七	六八	七一
益田兼雄	一〇〇	八四	八九	六六	五〇	六九
堀場芳之助	一〇〇	八一	八五	七九	三八	七四
松平忠行	九八	六〇	八七	六九	四一	八一
菅生俊二郎	一〇〇	六八	四八	七五	六〇	七五
山田守雄	九四	七〇	六八	六四	三五	七七
渡邊操吉	九三	五五	七二	六五	六六	六七
松平康荘	九三	六五	七〇	五八	五二	七四
平原錦之助	九六	六〇	五八	五九	六三	七七
中澤與吉	八九	五三	五七	五二	五二	五〇

第三イ組

氏名	出席	答數	漢書	英書	書畫	大試業
林彌三郎	一〇〇	九一	九八	一〇〇	八三	九二
山本幸吉	一〇〇	六〇	六九	七九	六五	六七
攝田孝太郎	一〇〇	五七	七五	八二	四〇	八三
加藤晋	九四	五八	七四	四八	三八	五八
吉橋義則	六六	五二	六二	六〇	二一	八一

同ロ組

氏名	出席	答數	國書、書取	英書	書畫	大試業
福澤阿房	九八	六八	七三	九九	四五	六七
廣澤金次郎	一〇〇	七九	七六	九二	三五	七二
黒田阿順	九六	五〇	八一	九八	四〇	七四
奥倉直吉	一〇〇	六八	八〇	九九	三八	六八
大枝四郎	九九	八一	六二	九一	三〇	七五
松山阿銀	九七	四五	八一	九四	三四	七四
攝津縫之介	九九	五一	八七	六七	五三	六八
稲垣刀利太郎	一〇〇	六〇	六六	六四	三〇	八四
山内清太郎	九九	七〇	六〇	七八	二八	五四
加藤茂	九六	五八	七九	三〇	五八	五九
簗信彦	九八	五〇	五一	八六	三一	五七
吹田四郎藏	八五	四六	六一	六五	二五	七七
久野成七郎	八九	四七	六七	六六	二二	七一
大江太郎	一〇〇	五三	五二	七八	三三	五二

慶應義塾勤惰表（女子の名前のある部分）

④幼稚舎における教育　慶應義塾における初等教育機関（童子局、幼年局などの名称があり、明治一三年から現在まで幼稚舎と呼ばれる）には、明治一〇年五月から一四年七月まで女子生徒が在籍したことが、成績表である「慶應義塾学業勤惰表」から確認できる。主には慶應義塾の教職員の子女であるが、なかには福澤と懇意の商家豊前屋中澤周蔵の娘「よね」など近所の女児も通学していたことが、残存する授業料の領収書から判明する。[14]

ただこれは男女共学ではなかった。明治一二、三年ごろに幼稚舎の教育を担当していた和田義郎にあてた福澤の書簡では、女子にも英語学習が始まったことを喜びながらも、女子は他の稽古事もあるので「日本書、習字、画学、英語学」の全履修科目を午前中で終わらせるように依頼している。[15]明治一三年七月改訂の『慶應義塾社中之約束』

（学則類）によれば、幼稚舎生に課せられた「課業ノ大略」は「英書　和漢書籍但シ極少年ハ小学普通ノ書ヨリ始ム　語学　算術　作文　習字　画学　体操」であり、女子生徒が学んでいたのは、そのほぼ半数だけになる。福澤の三女俊《しゅん》の回想にも、「町から通って来る女の子も合せて六、七人しかなく、畳に坐って和田先生から読み書きをならいました」とあって、男子生徒とは教場も別であり、福澤の娘たちの就学時期に合わせて慶應義塾での教育を試みたという域を出ていない。[16]

⑤女学校構想　明治二一（一八八八）年ごろになると、福澤は女学校を構想する。同年と推定される書簡で、慶應義塾の会計や学生監督を担当する浜野定四郎と益田英次に宛て、女学校を建設する場合、運営にはどのくらいの費用がかかり、生徒を何名集めて一人あたりいくらの学費を徴収すればいいのか、外国人女教師および日本人教師に掛る費用、その他諸雑費を計算しての採算を尋ねている。本格的な女子教育への取り組みを意図したと捉えられるが、「若し危き事ならバ止メニいたし度」と、本来の慶應義塾の経営に影響を与えてまでは、行うつもりはなかった。[17]

この結果をうけての試行か、明治二二、三年ごろの福澤の書簡からは、慶應義塾初の女性教師として英語を教えていたマリー・フォン・ファーロット Marie von Fallot が、慶應義塾内に塾を開いたことがわかる。「大人之部」「子供之部」合せて一〇名程度の女性に、毎日二時間、英語やピアノを教えた。書簡から判明する生徒名を見ると、彼の五人の娘を中心に、「大人之部」は一六年に結婚し翌年長男も儲けている長女の里や、一九年に婚約し二一年に結婚した次女の房、二三年に婚約した三女の俊、「子供之部」笠原やすの母親笠原美代など、既婚者か結婚するような年齢の人物である。一方「子供の部」は四女滝《たき》が明治九年生まれで一三、四歳、五女光《みつ》が一二年生まれで一〇、一歳であり、おそらく滝が年長者で一〇歳前後の生徒たちであったかと思われる。[18]

このファーロットの塾は、教授内容というよりも、福澤が月一二〇円以上（慶應義塾における英語講義に五〇円、女子教育に対して七〇円以上）という高額な給与を支払っているにもかかわらず、[19]勝手に自宅に下宿させていた井上馨の養女二人を生徒に加えて、個別に授業料を徴収するとか、あるいは飼い犬をしつけないで五女光が怪我をすると言ったファーロットの態度が問題になり、福澤は次第に閉鎖を考えるようになった。二三年末ごろには廃止になったと思われる。

福澤はファーロットへの給与を、慶應義塾での教授に対する給与との兼ね合いで考えているので、この塾が慶應義塾とはまったく無関係であるとは思っていない。しかし一方で、ファーロットが慶應義塾の休業日に休もうとすると、「自分勝手」であると怒ることから、慶應義塾の一組織として明確に位置づけられたものでもなかった。本格的な学塾経営の可否を判断するための試行例といえよう。[20]

これらの経過を見れば、福澤はまず、職業教育として女子教育を考え、自らの娘たちの就学を迎えて一般的な知識教育へと視野を広げ、教育内容は生活に役立つものを求めたことが指摘できる。

二、福澤の教育理念と女子教育

（一）女子教育の目的

従来福澤は、男女平等といいながらも女性に対する偏見が強く、その証拠に女子教育は行わなかったともいわれてきたが、行わなかったのではなく、試みの末行うことができなかったのである。そこには、地域的な問題もあった。いずれも福澤の娘たちを中心として、少人数の生徒しか集まっていないのは、慶應義塾がある三田（現東京都港区三田）地区は、松方正義邸など大きな屋敷が多く、神田など現在まで存続する女子教育機関がある地域に比べて、子どもの数が少なく、また豊かな家では家庭教育が中心であったため、近隣に住む女児も募集はしていたが、経営が成り立つほどの生徒を集めることができなかった。

しかしそれよりも大きな問題は、まず明治初期に近代的な女子教育を担うことができたのは、主として西洋から来た外国人女性であり、彼女たちが教授したいと考える科目と福澤が「一身独立」のために必要であると考える科目に相違があったことが挙げられる。福澤は「玩具に等しき仕事」では、覚えても意味がないと考えていた。

さらに重要な問題は、彼の女子教育に関する認識であった。福澤は晩年に書いた『福翁百話』

（明治三〇年）中の「女子教育と女権」において、女性の職分は家の内を治め子どもを養育することで、「外事」に関係することは少ないのだから、平均的に必要なものは「唯普通の教育知見のみ、高尚なる学育は先ず第二の事として差支なかるべし」と述べて、性別役割分業論者であり女性に対する蔑視があると批判されている。しかし、この文章ではまず「学問教育の大切なるは男女共に同様にして相違なし」と述べ、その上で当時はまだ結婚後の女性のほとんどが家のなかのことに従事する現状から、まずは一般常識から学ぶべきことを告げ、同時に学問における「男子専横の道」を塞ぐべきであると述べている。[21]

そもそも彼は『学問のすゝめ』第一二編（明治七年）において、「学問の要は活用に在るのみ。活用なき学問は無学に等し」と説き、男女を問わず有用な学問をすべきであると主張していた。[22]彼の主眼は、実際に活用できる学問をすることにあった。女性を専門的な学問から排除しようということではなく、『日本婦人論　後編』（明治一八年）では、文明開化が進めば、女性でも職業を持つことは珍しくなくなり、「仕事次第にては男子よりも却て用便になる」、すなわち仕事によっては男性よりも役に立つと述べている。[23]最晩年の著作となった『女大学評論・新女大学』（明治三二年）の中でも、同様の意見が述べられ、官府の会計吏や女医など「女子の特得」を活かした専門職もあるという。

しかし、一般的な女子教育については、『女大学評論・新女大学』でも、「学問の教育」に関しては女子も男子も相違はないが、女性は長い間学問や教育から疎外されてきたので、いきなり高尚な学問をしようとしても実現しない。初めは「文明普通の常識」を得るべきである。しかし女性社会の無力さは、経済思想と法律思想が皆無であることに一大原因があり、「普通の学識」を得たならば、同時に経済や法律の大意を知ることが必要である。すなわち経済や法律は身を守る術であり、「文明女子の懐剣」であると主張する。そして最終的には『日本婦人論　後編』においても『女大学評論・新女大学』においても、生涯男子に依頼せず独立の精神を持つこと、「男女平等、不軽不重の原則」を明らかにし、「自尊自重」を確立できる見識を持つべきことが説かれている。[24]

(二) 女子教育の場

福澤はそうした学問の必要性から、女子に対する教育機関を構想する反面、女性の地位向上のためには、必ずしも学校教育が適切なわけではないと考えていた。

福澤は「日本婦人論」(明治一八年)において、女子教育の場として「徒に学校教場の教にのみ依頼するが如きは敢て取らざる所なり」と、学校教育は有効とはいえないことを述べている。福澤は男女が対等にならなければいけないと考えていたが、女子が学校教育において法律を習い経済を学んだとしても、現実の社会でそれが活かされなければ、何の役にも立たないと考えていた。現状はどうかといえば、世間一般の風潮では学問をする女性はむしろ疎んじられ、女性が法律や経済を語ることは「唯その身の不幸を買うに足るべきのみ」である。彼は、当時の日本の状況では、女性が学校でいかに学識をつけたとしても、それは盆栽に栄養を与えているようなもので、盆中の美でしかないという。[25]それより重要なことは、女性が物事に対する「責任」を与えられ、財産を与えられることである。「人の苦楽は唯責任に由て生ずるもの」であり、「人生の発達」に繫がる。また「権は財に由て生じ財は権の源」であるがゆえに、まず女性が財産権をあたえられることが大切である。学校教育において、将来使うことができない「知識芸学」をいたずらに与えても意味がないと主張する。[26]

福澤は、習慣の変革こそ重要であり、儒者が根拠のないまま女性に対する定義を書き込んでいく頭のなかの「陰の帳面」(『日本婦人論　後編』)、あるいは人為的につくりだされる「第二の性」(『女大学評論・新女大学』)が、日常生活のなかで人びとに対して無意識に女性に対する偏見を育んでいくことを指摘していた。[27]そうした偏見が存在する社会のなかでは、女性が高い学識を身につけたとしても、それを活かすことはできない。まずは偏見の払拭が必要である。しかしその手段として、学校教育を利用することは困難であると考えていた。明治一八年の「日本婦人論」のなかで、彼は女子に対する学校教育を次のように批判している。

尚況んやその学校なるものが所謂儒教主義の流に沿い又仏教の風を帯びて、女子と小人とは近づけ難しと云い、女子才なきは之を徳と云い、五障三従、罪深き女人の身など云い、頻りに之を圧迫して淑徳謹慎の旨を教え込み、その余弊は遂に耳目鼻口の働をも妨げて尚悟らざるが如き教育法に於てをや。唯応に女子心身の発達を害するに足るべきのみ。[28]

近年の教育は、儒教主義であり「仏教の風」を帯びている。女性に対し、「才」のないことが「徳」であると教え、従順でない、怨恨む、人を謗る、ものを妬む、智恵が浅いという五つの病があることを自覚させ、父・夫・息子すなわち男性に従って生きるのが正しき道であり、「淑徳謹慎」を旨とさせる。そして聞く力や見る力、話す力など、情報を収集し表現する力を発達させない。彼は、このような学校教育は女性の「心身の発達」を害すると主張する。彼はこうした学校教育に対して、知識習慣の変革を「学校外」で行う必要があると考え、前章で見たように『男女交際論』やその実践を通して人間交際を奨励した。

そもそも彼の女性の社会的な立場に対する問題意識の出発点は、本人の弁によれば当時貝原益軒の著作といわれていた「女大学」の流布にあった。陽である男性に対して、陰として生まれてくる女性は、生まれながらにして男性よりは劣った存在であり、男性に従って生きるべきであると書かれている「女大学」について、明治三年二月一五日付九鬼隆義宛書簡で、次のように書き送っている。

世間ニ女大学と申書有之、婦人のミを罪人のよふニ視做し、これを責ること甚しけれとも、私之考ニは婦人へ対しあまり気之毒に御座候。何卒男大学と申ものを著し、男子を責候様いたし度。婦人を軽蔑するハ東洋諸国の風俗、西洋人之侮を受る所以。事実世教ニ妨を為すこと甚し。[29]

「女大学」という本では、女性ばかりを罪人のようにみなし強く責めるが、女性に対して気の毒である。女性を軽蔑するのは東洋諸国の風俗で、それゆえ西洋からは侮られ、「世教」の「妨」、すなわち文明化、近代化の妨げとなっている。

彼は、「女大学」のような書物が世間に流布していることが問題であると考えていた。『学問のす丶め』第八編（明治七年）のなかでも、「女大学」は「腕の力を本にして男女上下の名分を立たる」、男性のために都合のよい「片落なる教」であると批判している。このような書物に、人びとが日常生活の中で接することによって先に述べた「陰の帳面」や「第二の性」による偏見が増長されてしまう。彼は学校教育よりむしろ、社会や家庭における教育を変容させることによって、女性に対する偏った見解を是正することを優先すべきであると考えた。女性にとってもまた、教育方針に前述のような問題を抱え、社会においてその経験知識を生かすことができず、むしろ生意気と評価されるだけの学校教育を受けるより、人間交際が重要であった。

前述のように『男女交際余論』によれば、人間交際では「談話の種子」が多いことが重要で「社会全体の有様を知りて、大凡そその釣合を弁ずること」、すなわち経済情勢や政治情勢を知ることが「最も大切」である。[30] これには学校教育が必要であるように思えるが、彼はそうではないという。「学問の修業」を要するのではなく、世間の様子を「何くれとなく見聞して心に留」ればよく「むつかしい業」ではない。女性が知識見聞を増すことは、交際を便利にするだけでなく、「権力を進むるの媒介」になるが、福澤の構想では学校教育の比重は高くなかった。しかしながら次に見るように、理想的な家族像を人びとに浸透させるうえでは、学校教育は有効な手段となり、ここに家族論から見れば彼の大きな誤算があった。

(三) 自己犠牲精神の涵養

明治以後の近代国家建設において、女性の力をいかに活用するかは、福澤に限らず言論活動をする人物であれば、誰もが抱く関心事であった。西洋の女性を見て、日本女性も同様に教養を身につけ活発に活動すべきだと思う人物もいれば、前掲の久米邦武や加藤弘之らのように、日本女性が同様になれば本来持つ徳を失い、日本にとって大きな損失であると考える人物もあった。

彼が当初楽観視していた明治一四、五年頃からの儒教主義の導入は、教育現場において新しい女性像を創ろうとしていた。明治一五年七月に東京女子師範付属高等女学校は教則を改訂し、五年の就学期間のうち、最初の三年間は算術や地理、歴史、博物、物理などの一般教科を学ぶが、上級の二年間は家政、裁縫、音楽、礼節が中心となった。また「身を修むるの道を教へ、女子の守るべき分を与へ」るために、『女学孝経』『女論語』『内訓』『女誡』などの儒教主義に基づく女訓書を教科書とした。深谷昌志氏によれば「女訓と家事のための学校」とし、「儒教的女性像を反映させた教育課程編成」であった[31]。

西村茂樹は、明治二二年七月に日本弘道会で「女子教育論」と題する講演を行った。講演の趣旨は欧化主義への批判である。女子教育は、日本の何が優れて何が劣るのかを見極めたうえで方法を定めるべきであるのに、「黄色の西洋人」を作ろうとし、明治一七、八年ごろには「謬迷の極」に達した。その結果、「婦徳」すなわち「孝悌、清貞、柔婉、勤倹の徳」は往時の女性に及ばなくなっている。日本に長く住む西洋人の多くは、日本女性の「従順、貞淑なる」を称賛する。数十年後には、西洋も必ず「東洋の徳育」を称揚するようになる。「今日行はるゝ所の風俗」と「封建時代の風俗」とでは「清貞を害する者」がいずれに多いか考え、女性は自ら深く慎むべきであると主張する。さらに西村は翌年四月の弘道会での講演で、女性には家を治め、夫に仕え、子どもを養育する任務があり、国家に対する責任は軽くない。徳育に比べれば本末ではあるが、智育もおろそかにしてはいけないと主張している。[32]

福澤は明治一八年ごろの学校教育が、一四、五年ごろからの儒教主義重視の影響を受けて、女性を「圧迫」して五障三従、淑徳謹慎といった規範を教え込み、女性は男性より劣るとし、男性に従うことを強要する「心身の発達」を害するものであると批判した。[33] しかし西村は逆に、同時期が欧化主義の弊害を受け、「黄色の西洋人」を作ろうとし「謬迷の極」に達した時期と考えている。福澤が「日本婦人論」『日本婦人論　後編』を執筆した明治一八年ごろが、女子教育のひとつの転換期であったと考えられる。

福澤は学校に囚われずに、社会のなかで人びとの意識を変えなければならないと考え、『男女交際論』『日本男子論』などの著作や、男女交際に関する実践活動を行った。当時知識層であればジヨン・スチュアート・ミルの女性解放論は知っていたと思われるが、福澤を含めどれだけの人物が、ミルと女性の友人であるテイラーの知的交流を知っていたかは定かではない。女性解放は実践を伴わない机上の空論にすぎなかった。日本では幕末に、国学を足掛かりに、志士たちの政治活動を支援した松尾多勢子や黒沢止幾子のような人物も登場したが、彼女たちは「女大学」的観点からいえば、すでに対象とはならない四〇歳を過ぎた女性たちであり、またたとえば松尾多勢子の日記には、「同志」の男性の動向が書かれているが、志士たちの日記にはほとんど登場しないことから、彼女たちの思いと志士たち側の受け止め方には落差があった。意識の問題は大きかったのである。[34] 福澤は前述のように、社会に学校教育で得た知識を活かす受け皿がなければ、学校教育が意味をなさないこと、また学校教育が西洋主義一辺倒でも儒教主義強化でも、適切な女子教育が望めないことを指摘して、学校外での変革を求めた。しかし広く男女交際を進め、互いに智徳を高めあう関係を築くまでの道のりは、容易とはいえず、『男女交際論』を危険視する『女学雑誌』をはじめとする当時のマスコミや、教育関係者の拒絶的な反応をみれば、成果を期待することは難しかった。[35]

明治三〇年代になると、良妻賢母主義が台頭する。深谷昌志氏によれば、一方では女性を「国家の支え手」となすために、その妨げになるのであれば「儒教的女性像を打破せざるをえ」ず、他方「家族国家観的な見地から、女性の従が必要であり」、「欧米の女性のように、真の対等を主張するようになるのは阻止」しなければならなかった。そこで欧米と儒教の両面を否定して、日本の特殊性を打ち出した新しい女性像が求められた。同氏は「良妻賢母は、一つの思想によりどころを求めるのではなく、ナショナリズムの台頭を背景に、儒教的なものを土台にしながら、民衆の女性像の規制を受けつつ、西欧の女性像を屈折して吸収した産物――歴史的複合体――とみなしうる」と分析する。[36] 良妻賢母がうたわれるようになって、より強い意味づけとともに女性は家庭のなかに確実に位置づけられるようになっていった。

福澤の歿後、明治四二年に東京帝国大学で開かれた東亜協会主催の「女大学」の研究会には、東京帝国大学文科大学長井上哲次郎をはじめ、三輪田高等女学校教頭三輪田元道、東京女子高等師範学校教授吉田熊次、同下田次郎、学習院教授有馬祐政、東京女学館幹事西田敬止、須藤求馬、東京女子高等師範学校教授宮川寿美子、東京高等師範学校教授吉田静致、東京高等商業学校講師兼女子高等師範学校教授中島力造ら、当時の女子教育を担う人びとが集まった。その席では福澤の『女大学評論・新女大学』が、井上哲次郎や三輪田元道、西田敬止、中島力造等参加者から、行き過ぎた議論で女性に道を誤らせるものであると強く批判された。そこで得られた結論は、「女大学」をそのまま「現代の女子」に律することは不可能であるが、「女大学」で描かれている精神、すなわち「自己自身を何等か大なる者の為に犠牲に供する」東洋の道徳を活かすことが重要である。子どもに対し母親が「何処迄も謙遜、柔順と云ふ女徳」を示すことによって、子どもに我慢や自己犠牲の精神が芽生え、国のために死ねる子を育てることができるというものであった。「女大学」そのものを肯定するのではなく、しかし「尚ほ女大学の如きものが活きて働いて居つて貫はなければならぬ」と結論づけることで、女子教育は「女大学」の精神を意識下に刷り込んでいく道を歩み始めたといえよう[37]。その結果、一条忠衛や本間久雄が指摘するように、大正時代になって「女大学」を読みもしないで「陳腐」であると評している「夫人令嬢諸君の日常行為」に、「女大学」の教訓が社会性を帯び「動かすべからざる勢力を有して居」る状況が生まれた[38]。儒教主義的な男女観に基づく古い規範を捨て去ったように見せながらも、そこから新たな日本女性の徳となる精神を培養する努力が重ねられたといえる。

三、学校教育と家族像

福澤が描いた近代家族は、家族団欒によって精神的な安定が得られる、仲睦まじい集団であった。彼は、そのような家族を形成するためには、夫婦が対等でなければならず、女性も男性と同様に「一身独立」を果たす必要があると考えた。「一身」の「独立」には教育が重要であったが、修了しても社会に受け皿を持たず、また儒教主義の導入が強まった学校教育では意味をなさなかった。彼は、智徳を高めあう男女交際など人間交際を通じて、人びとの認識の変革を謀り、女性の地位を向上させることが必須であると考えた。

保守派は明治以降の文明開化の風潮や、編纂されつつある民法が近代法の様相を纏い、公的な男女関係が西洋に準ずるように変化していくことによって、日本の女徳が失われることを危惧した。貞淑で柔順で自己犠牲を厭わない日本女性の徳は、男性に従うことによって家内の和を保ち、臣民となる子を育て、強靭な近代国家建設に貢献する。それゆえ、たとえ外交上の必要から、欧化政策が進んだとしても、日本の女徳は維持すべきものであった。女徳に価値を見出す人びとは、教育が要となると考えた。さらに学校教育を有効に利用すれば、むしろ格差なく、すべての女性が同様の徳を身につけるように指導していくことができた。特に第二章で述べたように、勅語という形をとって、幼いときから教師の指導のもと反復暗唱することで、精神に刷り込む効果は大きかった。

福澤の立場にしろ、儒教主義的な女徳を重視する立場にしろ、法律や諸制度だけではなく、無形のもの、すなわち人びとの意識の所在が重要であると気づいていた。法律が西洋を模範に近代化されても、それをいかに認識し利用するかによって、換骨奪胎しまったく異なる結果を得ることができる。全国一律に実施することができる学校教育は、画一的な意識を涵養するには絶好の場であった。福澤はすでに触れたように、学校教育の場で倫理観を教えることには否定的であり、「徳教」は目から入ると考えていた。彼が考えるように習慣やモラルが、人間交際のなかで手本を見ながら変容していくものであることは確かであるが、人びとの習慣やモラルを変えることは、時間がかかり困難であった。その点学校教育の場は、ひとつの像を多人数に同時に、しかも強制的に見せることができるという大きな利点があった。意識の画一化には効果があるといえよう。意識の問題を重視しながら、重視したからこそ学校教育に期待を抱かなかった福澤は、彼の構想した近代家族の実現に向けて大きな油断があったといえる。

第六章　個人主義と家族主義

一、明治民法への期待

福澤は、明治三一年七月に全面施行された明治民法を高く評価した。『時事新報』では民法の施行を「日本社会にて空前の一大変革」であり、なかでも親族編の施行は「家族道徳の主義を根柢より破壊」して「新主義を注入」しようとするもので、「非常の大変化」「世道人心の革命」と捉えた。それにもかかわらず、特別議会で異論を唱える者がなく決定したことは、彼にとって男女平等を主張するのに「強有力なる味方」を得たと感じた。[1]

民法編纂時に想定された夫婦像は「一男一女情愛ニヨツテソノ居ヲ同ジウスル」というもので、七三二条で家族は「戸主ノ親族ニシテ其家ニ在ル者及ヒ其配偶者ハ之ヲ家族トス」と規定された。

そこで描かれたのは、江戸時代の「家」とは異なる姿であった。離婚についても、これまでは儒教の「七去」の教えに基づく「子なきは去れ」といった理不尽な理由がまかり通っていたが、今後は八一三条で認められた一〇項目に該当するものだけが、成立することになった。彼は離婚に関する日本の慣習が、西洋とは異なり夫に有利で、夫婦が平等でないことを問題視していたので[2]、明治民法の施行によって、夫の身勝手が許されなくなることを評価した[3]。民法についてすでに彼は、明治一八年の著作「日本婦人論」のなかで、政府が民法を編纂し「家屋の遺伝分配、夫婦居家私有の権限、結婚離婚の諸規則等」を変化させて、女性の立場が向上することを「冀望」していた[4]。彼は民法を積極的に評価し、それによって女性の社会的な地位が高まり、家族のあり方も変化すると期待した。

本来の彼の持論は、明文化された法律よりも、人びとの生活のなかに根付いている習慣の方が、規範としての影響力は大きいと考えるものであった。たとえば男女の権利について、「日本婦人論」では次のように述べている。

　同権の根本は習慣に由来するものにして、法律の成文は唯その習慣の力を援るに過ぎざるのみ[5]。

しかしそれは、法律はなくてもよいということではなく、近代社会において法が大きな役割を担うものであるとも認識していた。岩谷十郎氏によれば、福澤の法に対する考え方の際立った特徴は

「徹底した「通俗化」という方法に貫かれている」ことだという。たとえばrightという言葉は、中国の漢語訳「権利」がそのまま使用されていたが、福澤は「権利」では本来rightがもっている「正しさ」や「道理」というニュアンスが伝わらないと考えた。そこで彼は「義=道理に通ずる」というニュアンスを含め、『西洋事情　二編』で「通義」と訳出し、解説を加えた。[6]また明治一八年に英吉利法律学校の開校式では次のように述べている。

真実の撃剣家は決して抜きません。生涯刀を抜かん人が多い。そう云う人は抜けば必ず切り損ないません。全体法律の切れることは昔しの武断政治の刀よりも能く切れるもので、今の社会では法律で何でも殺せます。金持抔を切るのは容易でありますが、其切れる刀を使うには深く学び込んで、矢鱈にすっぱ抜きをしては困ります。[7]

福澤は封建の世では刀で人を殺し、文明の世では法律で人を殺すと対比させ、岩谷氏は福澤が両者を「自己の生命・身体・財産・名誉が脅かされた最後の手段として用いる道具」として位置づけているとする。また同式辞のなかで法律のことを「先ず人間の学ぶべき世渡り即ち処世に入用のもので在って、必用のものである」とし、「コレラ」への対策を引き合いに出すことから、「紛争の未然防止を目指す予防法学の必要性が説かれている」と考える。下級官吏や弁護士になろうとする人びとを前に「法は万人が学ぶべきである」と説くところに、「通俗性を第一義と考えた福澤の法律観・法律論が最も如実に表れている」と分析している。[8] 法律は習慣を援けるものにすぎないが、またそれは最終的に人びと自身の身を守る手段であった。

「極端の場合に備うる」ための「文明女子の懐剣」が示されたことで[9]、福澤は明治民法が先導的役割をなし、新しい家族像を実現することができると考えた。この法律を「強有力なる味方」にして、人びとの意識や習慣を変革したいと考えたのである。明治一〇年代半ばになると、再び儒教主義が注目されるなど、人びとの意識や習慣は前近代から容易には変化しなかった。また彼自身『民情一新』(明治一二年)のなかで述べているように、意識や習慣といった福澤の言葉でいえば「無形」のものを急激に変化させようとすれば信用を失うため、「無形」部分の変革は時間がかかるものでもあった。[10]「日本婦人論」(明治一八年)では、「百年の目的」(傍点筆者)を立て「一歩」でも「大成」に近づくようにしたいと語っている。[11]

しかし明治改元後すでに三〇年の歳月が流れ、明治民法が第一二回特別議会で反対もなく決定するに至ったことで、彼は人びとの認識を新たにする絶好機が到来したと確信した。ゆえに明治民法に高い評価を与え、変革を推進しようとしたのである。

二、優先される家族像

（二）文明の進歩への信頼

しかし明治民法は、福澤が指摘したような側面と同時に、江戸時代における「家」同様に家族内に序列を内在させ、男性による継承を重視し、戸主を中心とする「家」制度を成立させた一面も持つ。明治民法に基づき成立した近代家族は夫婦間で対等とはいえず、妻は財産を持つことができても、それを夫が管理する（八〇一条）といった、男性優位の不平等な関係にあった。また明治民法では、結婚には戸主の同意が必要とされた。福澤は『日本婦人論　後編』において、人には「好不好の情実」があるのに、客観的条件によって気の進まない結婚をさせるようなことは「娼妓に売るに異ならず」といい、『男女交際論』では、世間には「不如意の婚を為す者」も少なくないが「人生の不幸これより大なるはなし」と述べていた。[12] しかし明治民法では、その一番重要な当人同士の「好不好の情実」に対して、戸主に諾否が委ねられることになる。そもそも夫婦は「天の然らしむる所」の感情によって結びつくはずであったのに、法律上の要件を満たすか否かによって、最終的に「一家」が定められるのであれば、それは「天と対立するものによる工夫」、すなわち「人力」による関係になってしまう。

明治民法は家族を近世までの「家」が持つ歴史的な背景から切り取った、あるいは離婚の要件を定め男性の恣意には任せないという点では、進歩的でありながら、戸主を頂点とするヒエラルキーが如実に現れ、個人の意志が尊重されないという点では、保守的でもあった。両側面を持つ明治民法に対し、彼が進歩的側面に焦点をあて「日本社会にて空前の一大改革」として高く評価した理由は、彼が近代化推進において最も優先するべきものを何であると考えたのかの結果による。

彼の近代化構想は「一身独立」が基盤であり、「一身」が独立して「一家」が独立し、「一国」の独立につながるというものであった。本来最優先されるべきは「一身」の「独立」である。しかし「一身独立」は、他人の智恵や財によらない、精神的自立と経済的自立によって成り立たねばならず、明治の日本において二つの自立を可能にするためには、前章まで見てきたように家族団欒やモラルの涵養、家業・家産の運用が不可欠であった。そしてそのために必要なものは、男女が対等で安定した夫婦関係であり、すなわち「一夫一婦」「偕老同穴」の成立と維持である。

「一夫一婦」「偕老同穴」の視点で見れば、明治民法は画期的な改革と評価できた。七六六条では重婚が禁止され、法的に一夫一婦が成立する。七六八条では姦通相手との結婚も禁止された。さらに七八九条では、妻の同居義務が定められた。のちに遠藤清子が訴訟を起こすように、妾を置く別宅を設ける夫に対して、妻は同居を主張できるようになった。[13] また七七八条以下七八七条までは婚姻の無効や取消の要件が定められ、さらに八一三条では離婚要件が定められて、前述のように男性側からの一方的かつ理不尽な要求によって、女性が離婚を迫られることはなくなる。彼はまさに明治民法を女性が身を守る最終手段になると考え、法律は「文明女子の懐剣」であると評価したのである。

しかしなぜ、家族を成立させる必須の条件であるはずの感情の有無を問わず、「一夫一婦」「偕老同穴」の成立を優先することができたのか。目指すべきはフリーラヴの世界ではなかったのか。その理由は、彼が文明は進歩すると捉えるからである。今、社会に適合した家族形態として「一夫一婦」「偕老同穴」を選んだとしても、それが絶対的なわけではない。『文明論之概略』において、彼は次のように述べる。

人の身心両ながらその所を得るに非ざれば又文明の名を下だすべからざるなり。然り而して、人の安楽には限あるべからず、人心の品位にも亦極度あるべからず。その安楽と云い高尚と云うものは、正にその進歩する時の有様を指して名けたるものなれば、文明とは人の安楽と品位と進歩を云うなり。又この人の安楽と品位とを得せしむるものは人の智徳なるが故に、文明とは結局、人の智徳の進歩と云て可なり[14]

文明とは人の「安楽と品位」の進歩であり、「安楽」や「品位」には極限はない。「安楽」や「品位」は人の智徳によってもたらされる。すなわち人間の「智徳の進歩」が文明であり、限りなく文明は進歩していく。

家族の形態も、文明の進歩の度合に適合しながら変化していく。すでに触れたように、彼は究極の姿として、フリーラヴに言及する。人間社会の完全な姿は、人びとが常に愛とともにあり、愛があればともに歩み、愛が尽きれば離れ、最適のパートナーを再び求めるフリーラヴの世界かもしれない。しかし明治という時代において、彼が信じる最良の姿は「一夫一婦」「偕老同穴」である。『日本男子論』では、フリーラヴの議論同様に、「絶対（アブソリュート）の理論」においては、「人間世界の善悪邪正」はまだ論究されている段階であって定まっているわけではなく、男女の内行に関しても「一夫一婦法と多妻多男法」のどちらが正でどちらが邪であるのかは、明断できるものではないとする。しかし「今日の文明説」に従えば、夫婦のあるべき姿は「一夫一婦」なのである。[15]

（二）家族論の二つの側面

彼が論じる家族は、二つの側面を持っている。一つは、愛・敬・恕によって対等に結ばれた男女を中心に、感情を紐帯として個々人が結びついた集合としての家族である。彼は「文明の家庭は親友の集合なり」（『福翁百余話』）という。[16]それに対してもう一つは、個々人が一体化し「一家」として独立した機能を果たす、一個体としての家族である。すなわち家風によってモラルを涵養し、家業や家産によって、個人の経済的自立を援ける経済単位となる家族である。前者は、「自然の命令」と「神の指示」すなわち「天の然らしむる所」によって家族となり、後者は「それと対立するもの〔人間〕の工夫」すなわち戸籍などの人為的な工夫によって維持される。

この二つの側面は、あくまでも家族を構成する個人に目を向けるのか、個々人が「一家」として一体化することによって発揮できる機能に目を向けるのかによって、個人主義と家族主義の間で対立する可能性を内包している。彼はこの対極にあるともいえる家族像を、どのようにして自身のなかでひとつの家族像にまとめることができたのか。

江戸時代までは、家業・家名・家産が一体となった「家」を、絶やすことなく次世代へ継承するため、感情ではなく「家」への適性によって、家族が選別され形成された。またその「家」は、為政者によって作り出された封建的身分体系や政治制度のもとで管理された。松田宏一郎氏が指摘するように、福澤は「個人の「気力」を削ぎ能力の発現や競争を阻害する社会的圧力」として「専制」を非難した。「「専制」の危険性の本質」は「権力の社会的基礎が「門閥」と「虚威」に置かれていること」であった。[17] ゆえに近代における家族は、門閥から切り離され、江戸時代における「家」とはまったく異なるものにならなければならなかった。彼の構想では、まず個人が「一身独立」し、男女が対等な関係で愛・敬・恕という感情によって夫婦になる。その夫婦を中心に、精神的なつながりを持った、この世界で最も仲睦まじい集団として家族が誕生する。本来これが「一身独立」から生まれる近代家族の姿であり、国民が主体的に形成する近代国家につながる家族の姿であった。

しかし、早急に近代化を進めていかなければならない後進国日本の現状においては、家族はまた「一家」として、「一身」を補完し「一国独立」へと媒介する役割を果たさなければならなかった。彼は家族が個人の集団であるだけでなく、「一家」というまとまりとしても、近代国家成立のために役割を担わなければいけないと認識していた。そのためであれば、家族に関する人為的な制度も容認した。批判もするが戸籍の存在は自明のものであり、また家産の存在を前提として、女性の財産権を主張した。

家族の形態は、文明の進歩によって変化していく。時代ごとに適した形が求められ、その時点での最適の姿を模索するしかない。近代化のために男女平等を実現するのであれば、「一夫一婦」を確立することは必須の課題であった。また男性側からの一方的な離婚を防ぎ、経済的に安定するためには、家業や家産を維持する「一家」としての維持が重要で、「偕老同穴」が理想の姿になった。「一夫一婦」や「偕老同穴」が保証されることが、時代の要請であった。

福澤にとって明治民法は、前述のように家族を近世までの「家」が持つ歴史的な背景から切り取り、その時その空間に限る集団と定めた画期的な法律であった。福澤はこの点を高く評価し、「家族道徳の主義」を「根柢より破壊」したと考えた。その点においては、彼が前提とする男女の感情の結びつきを端緒とする家族が保証されると考えた。実際には戸主に最終的な決定権があるので、人びとは戸主の意向を受け入れざるを得ないのであるが、戸主もまた「一身独立」し自主自由を重んずる存在であれば、理不尽な要求をするわけではない。明治民法では少なくとも法律上は、江戸時代までの「家」とはまったく異なる形で、家族が定義されたのである。彼は、明治民法施行後最晩年の論説に至るまで、家族の紐帯は愛・敬・恕という感情であるべきと考えていた。最後のまとまった著作の「新女大学」では、妻の苦労を顧みない夫は言語道断であり、さらに内心これを顧みながら世間体を気にして実行に移すことができない人物は「勇気なき痴漢（ばかもの）」であると批判している。[18] 明治三三年に慶應義塾が発表したモラルコード「修身要領」では、「独立自尊の人」

による「一夫一婦終身同室相敬愛して互いに独立自尊を犯さゞる」一家をうたい、「健全なる社会の基は一人一家の独立自尊に在りと知る可し」と主張する。[19] 彼にとって、「天の然らしむる所」により「独立自尊」を達成した平等な男女が対等に結びつくことが、家族の本質であり続けた。

彼の近代化構想は、男女が対等な存在として、ともに国に対して主体化することであった。その実現のために、「一家」は「一家」という一つの個体として求められる役割があり、果たすべき機能があった。文明の進歩に従い、家族はその最適の姿を変え、個体として形態は変化してゆく。しかし彼は、どのような形態をとろうとも、家族が「一身独立」「独立自尊」を果たした親友や朋友の集合体であるという本質は紐帯を意識することによって維持できると考えた。その本質を守るがために、文明の発展段階に合わせて形態は変化するのである。ゆえに彼自身は、その家族像において、この二つの側面は矛盾なく、ひとつの姿を形成することができると考えたのである。

(三) 感情がもたらす矛盾

しかし、そこには、大きな矛盾が生じざるを得ない。福澤もフリーラヴの議論で認めるように、感情は不変ではない。不変ではない感情を前提にするのであれば、家族もまた不変ではない。不変ではない家族に、近代化過程における「一家」としての役割を課し、推進のために継続性を求め、ゆえに「偕老同穴」を理想とすることは自己矛盾に他ならない。「一家」の機能を壊す離婚は、不幸とされる。もちろん彼は、紐帯として感情の存在を不可欠と考えるから、「情」がないのに、当事者以外の要因によって離婚が阻止されることは批判する。しかし男女交際を広げ、男女交際によってよく相手を見極めれば、生涯添い遂げられる伴侶を得られるようになると考えていた。欧米においては離婚が少ないという事実が、それを物語っていると理解したのである。[20]

しかしどのような理由があっても「偕老同穴」を理想とすれば、本来は「一身」があってはじめて「一家」が存在するのに、「一家」の維持のために「一身」が努力することになる。「一身独立」を基礎に「一家」「一国」へと展開する近代化構想の根本が、揺らいでくる。夫婦の結びつきが感情によるものであるからこそ、客観的条件によって縛りつけられる江戸時代の「家」から脱し、西洋における家族のように、仲睦まじくルールや約束、駆け引きを必要としない、団欒や「苦楽の交易」によって心に安らぎを与えてくれる家族を作ることができる。しかし継続に力点が置かれれば、不変ではない感情をどのようにコントロールするかという問題になり、継承のために女性に犠牲を強いる江戸時代の「家」に再び近づいていくことになる。彼の家族像は始まりを重視するが、「一家」の継続性を疑問視しないという課題を抱えていた。

福澤は、彼の家族像の本質を保証すると考えた明治民法を味方につけることによって、現実の変革を促すことを考えた。この法律が習慣を補完する役割ではなく、先導的役割を果たし得ると考え、民法施行を男女の社会的立場および家族のあり方を変える好契機と考えたのである。しかしながらそこには、本来は法律は助けにしかならず、習慣が先行しなければならないはずの家族像の形成を、法律によって創出するという矛盾が生まれることになった。実態に法律が先行し、家族が法律によって規定され、保護されることによって、「一身」と「一家」、個人と家族を結びつける感情の存在が問われなくなっていく。法的に整えられることによって、「一家」は「一身」の感情から遊離しても存在できるようになる。すなわち前提であるはずの人が抱く感情に優先して、本来は感情の重視とは相容れないはずの、戸主を中心とする「家」制度が巧盛り込まれた明治民法による家族を容認することになり、出発点の「一身」が揺らいでいった。

さらに「一家」がひとつのまとまりとして独立した機能を持つと捉えた場合、そこにはやはり性別役割分業が存在するか否かという問題が生じてくる。福澤の女性論を家族という単位で考えた場合、扶養される娘としての立場と妻としての立場は、同じ女性であっても大きく異なる。彼の女性に対する議論が多分に矛盾をはらんでいるように見えるのは、彼の構想の中で、家族というファクターを通すことによって、女性は未婚と既婚とに二分されるからである。特に現状の改革において、彼の想定する目標は異なってくる。前者には現実では経済的自立に困難があるとしても「一身独立」した女性を掲げ、後者に対してはまず家族のなかでの男女の対等と、妻あるいは母としての地位の向上を掲げる。「女大学評論」のなかで、彼は次のように述べる。

> 妻が内の家事を治むるは内務大臣の如く、夫が戸外の経営に当るは外務大臣の如し。両大臣は共に一国の国事経営を負担する者にして、その官名に内外の別こそあれ、身分には軽重を見ず。然らば則ち女大学の夫に仕え云々の文は、内務大臣をして外務大臣に仕えしめんとするものに

異ならず。事実に可笑しからずや。一国に行われざることは一家にも行われざること、知るべし。[21]

福澤は「一家」のなかで役割分担がなされたとしても、それはあくまでも職掌の違いであり、役割に軽重や上下があるわけではなく価値は等しいとする。すなわち彼は、第三章でも述べたように妻や母にはそれに伴う職分があると考えるが、妻と夫あるいは母と父の間で職分の区別を勧めるわけではない。そして前提として「共に天地間の造物」であるがゆえに、互いを尊重して職分を守るのである。ところがそれが現状では、夫と妻は支配被支配関係になってしまっている。まずはそれを改善して対等にしなければならないと考える。

ただ前に触れたように『民間経済録』（明治一〇年）での指摘では、「一家」内での分業は「不便利」であったはずである。しかし、明治三一年執筆の「女大学評論」では、妻と夫は「内務大臣」と「外務大臣」に分かれるとする。この比喩からは、確かに双方軽重はなく、一方が他方に仕えるものではないという主張は明白である。しかしまた、この比喩は相手をよく知ることはできても、代行することが難しいことも示している。「内務大臣」と「外務大臣」では、いつでも相手の仕事に代わることができるように、「成るべき丈け業を分たずして相共に勉強して、まめに働くべき」ことは困難である。[22] 彼は、女性はみな内務大臣になるべきであると主張するのではなく、ましてや能力的に内務大臣しか務められないとはいわない。しかし努力をしたところで、能力があっても社会に受け皿がなく「外務大臣」にはなれない現状も知り、晩年の彼は、近代化の過程において、現時点では女性は「内務大臣」の地位を自明とする。女性の経済的自立には未だ社会的条件が不十分で、まずは「一家」を利用して自立を図ることが必要であった。

女性の「一身独立」を「一家」が補完することは、「一家」がその機能において女性の「一身」を取り込むことであり、やがて「一身」の自主自由と「一家独立」の間に必ずや矛盾が生じる。その際明治民法の戸主を中心とする「家」制度確立の側面は、後者優先の正当性を法的に根拠づけた。この点において、福澤の認識は甘かったと言わざるを得ない。吉田熊次が指摘するように、福澤は個人主義主張のなかで「必ずしも家族制度には反対して居ら」ず、「家族本位の思想」が「不明瞭に曖昧模糊として混」っている。[23] 福澤の議論は、家族に対してどこまで個人主義が優先されるのかがはっきり示されていない。「一身」と「一家」はいかなる関係に帰結するのか。

三、「一家」の継承性

彼の家族論の曖昧模糊さが、特に顕著に現れるのは相続の問題である。夫婦間の感情のみを重視するフリーラヴの慣習が成立すれば、全ては一代限りとなり、相続の問題は自ずと解消する。しかし現実には、門閥や家禄を離れた家であっても、親子関係が生じる限り、財産や祭祀の継承に関する問題は避けることができない。彼は近代家族における相続について、どの程度具体的に考えていたのであろうか。

「日本婦人論」のなかで、彼は結婚後の姓の選択肢について、次のように述べる。結婚は「女子が男子に嫁するにも非ず、男子が女子の家に入夫たるにも非ず」、つまり結婚はどちらかの「家」に嫁入りするのでも婿入りするのでもないため、結婚後の新家族は男子の族名のみを名乗るべきでも、女子の族名のみを名乗るべきでもない。結婚は一人の男性と一人の女性が出会い、二つの家族から一人ずつが出て「一新家族」を作るものであるから、姓も両方の姓から一文字ずつをとって「中間一種の新苗字」を創る、すなわち「畠山の女と梶原の男と婚したらば山原なる新家族と為り、その山原の男が伊東の女と婚すれば山東と為」るのが「至当」である。「即案」ではあるが「事の実を表し出すの一法」、真実の家族の姿を表わす方法であるという。[24] 確かに「事の実」を表わしてはいる。しかし、彼自身「即案」というように、この方法は実現できるものではない。

なぜならば、「一家」には相続しなければならないものが存在するからである。その最たるものは祖先祭祀であろう。他に財産として動産、不動産を所持する者も、あるいは何らかの受け継ぐ伝統を持つ者もいる。継承問題をどう解決するかについて明らかにしない限り、近代社会における「一家」が、江戸時代における「家」と決別することは困難である。福澤は、親子は別々の「一家」を成すべきであると考えていた。アメリカ留学中の息子に宛てた書簡のなかでも、自分たちは将来「生涯夫婦〔のみ〕同居」「父母ハ同居せさる積りなり」と述べ、親子の世帯は別々であることを告げている。[25] また新婦は結婚したその日から、「新家の全権」となり、「百般之事独断ニ断し、好きやう二きりもり」してよいと記す。[26] 彼は原則として「一代の夫婦にて一代の家を興」すとするため、相続についての議論に乏しい。前述した女戸主が中継的存在であることへの批判（「日本婦人論」明治一八年）や「家に財産あらば男子に分ち与うる通りに女子にも分前を取らせ」（『日本婦人論　後編』同年）るべきであり、娘に対しても「万一の場合に他人を煩さずして自立する丈けの基本財産を与えて生涯の安心を得せしむる」（「新女大学」明治三二年）といった主張に見られるように、相続における男女の不平等を解消するべきであるとは述べるが、いずれも「家に財産あらば」の仮説であって、また単独相続と分割相続の是非について論じているわけではない。[27]

彼は「独立の家の相続法」として、『日本婦人論　後編』において次のように述べる。

> 啻に形ある財産等の始末を両人にて引受るのみならず、形なき心の事に至るまでもその公なると私なるとに論なく、夫婦打明けて懇に語り合うの習慣を成したらば、主人早く死するの不幸に遇うも、家政の光はなお燿きて暗にあらず。夫れ是れする中には幼少の子供も成長して第二世の光明を放つべし。即ち是れ独立の家の相続法なり。[28]

江戸時代の「家」の継承とは異なる近代家族における相続は、夫婦が対等であることが重要であるとの意見である。夫と妻で、各々が担当している家内外の諸事について情報を互いに共有し合うことが必要で、そうであれば夫が早死しても、次の世代に有形無形を問わず恙なく相続される。そう

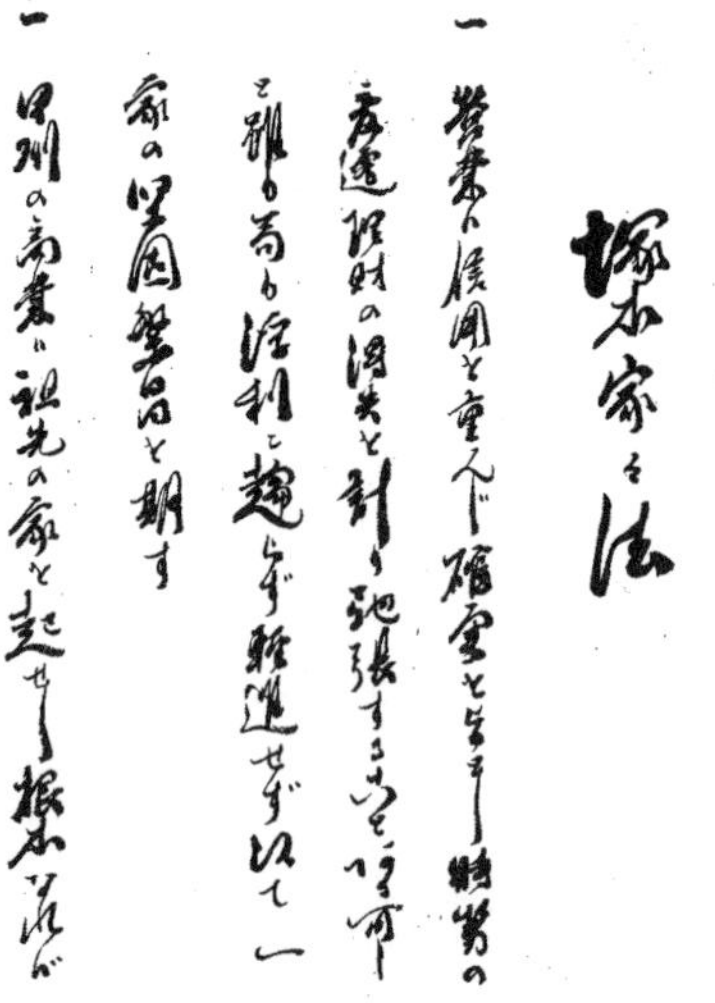

塚本家々法（部分。㈱ツカモトコーポレーション資料館聚心庵所蔵）

でなければ夫亡きあと「骨肉の兄弟までも他人となり、家督相続、本家別家の争論、異腹の弟が分前を取らんと云えば、兼て義絶したる叔父も不理窟を述立るなど、容易ならざる混雑」を生じる。すなわち、兄弟で家督や遺産の相続をめぐり争いを生じ、訴訟に至る事さえあるという[29]。それを避けるための彼の提唱は、「一家」のことを夫婦で共有し、それを子の次世代に間違いなく伝えることである。彼は、前述のように「家庭習慣の教えを論ず」（『家庭叢談』第九号、明治九年一〇月八日発行）のなかで「人間が世に居て務むべきの仕事」五つのうちの一つに、「子供を養育して一人前の男女となし、二代目の世の中にてはその子の父母となるに差支なき様に仕込むこと」をあげる[30]。福澤は、父母の智徳が父母の行動を通じて、次世代の智徳となるという。相続されるものは父母の智徳である。

しかし実際には、相続されるものは、「家風の美」「家の美風」だけではない[31]。彼は日本の産業の現状を支えるものが、家業や家産である現実を知っていた。だからこそ、家業や家産の維持を「一家」の役割と考えた。近江商人である塚本定次に依頼され執筆した「塚本家々法」（明治二八年一一月二〇日付）には、「浮利に趨らず軽進せず以て一家の堅固繁昌を期す」「先人の遺徳に鑑み以て将来を経営してますます盛大を謀る」とある。[32]

また義姉今泉釖《とう》の息子秀太郎は、慶応四年に父郡司が歿した時は生まれたか否かという幼さであったため、家督を相続できなかった。そのため今泉家は養子彦四郎が継いでいたが、明治一二、三年になると秀太郎も成長したため、今泉家に対し分家を願い出た。その際福澤は六月七日付島津万次郎宛書簡で、家産や拝領品の分配など今泉家の「家産分配」案をしたためている。[33] 他にも明治一七年二月には、中津藩最後の藩主であった奥平昌邁の弟で、昌邁の先代藩主昌服が隠居後に儲けた実子昌吉の分家について、一四条から成る「奥平様御分家約条案」をまとめている。[34] 分家の目的の一つは「本末の御間柄」「双方資産の界」を「分明」にすることで、向後昌吉は自らの資産でやりくりし、「御本家の御費用」を当てにしてはいけないと定めた。これは歴史的背景を持つ「家」から、実質的な単位となる家族を取り分け、本家の資産維持に努めたものである。

家業や家産に意義を見出すのであれば、家族像を完成するためには、相続に関する議論は不可欠である。明治民法が定めた現実への対応として、少なくとも明治民法後の論説においては、彼は相続のあり方や単独相続の是非を論じる必要があった。

四、「一身」と「一家」の軽重

福澤の家族論は、夫婦間の不変ではない感情を重視しながら、近代日本形成の核として家族の安定を求めるという自己矛盾を抱えていた。また彼の説く「一家」は、「一身」の集合体でありながら、ひとつの個体としての役割も担い、かつ門閥のような江戸時代の「家」における継承性を否定しながら、世代を超えて存在する家風や家業、家産を認めていた。その結果、「一身独立」した対等な男女によって形成される個々人の集合としての「一家」と、文明国として日本の近代化を進めるための一個体としての「一家」は、別々の性格を有するようになってしまった。常に「一身」から「一家」へと展開するのではなく、「一家」が「一身」に優先されることが生じれば、「一身独立」から「一家独立」「一国独立」へと向かう道程は、変更を余儀なくされることになる。

彼はどのようにしてこの自己矛盾に、解決策を見出そうとしたのであろうか。人間社会の究極の姿がフリーラヴ（自由愛情）であるなら、最も重要なものは愛情である。矛盾が顕在化するのは、その愛情が変化し離れたときである。夫婦間の愛情に変化がなければ、自ずと「一夫一婦」「偕老同穴」の夫婦となる。つまり鍵となるのは、「偕老同穴」の結果を生む相手を得られるか否かである。

福澤は、ゆえに男女交際の重要性を説く。男女が、近世までのように貞か淫かの二者択一で、情交が常に肉交に一致するのでは、お互いに智徳を高めあう男女関係を結ぶのは困難である。「文明男女の交際」を広めることによって、相手を理解し、互いにふさわしい相手と結婚することができる。安易に結ばれれば、安易に別れる。「文明男女の交際」を進め、「無限の妙処」を味わいながら慎重に相手を選ぶことによって、「一夫一婦」「偕老同穴」を達することができれば、福澤が考える近代家族が持つ、感情を紐帯とする前提条件も、明治期の近代化過程にふさわしい家族の条件も、ともに充たすことができる。[35]

そのために福澤は、女性が社会において活躍する場を広げ、交際の場を与えていきたいと考え、すでに述べたように人間交際の場を提供するために、女性たちが参加する集会をしばしば開催している。彼はこうした集会を通して、女性にも交際の道が開けていくと喜んでいるので、さらにそこからネットワークの構築を目論んでいたといえよう。しかし現実には、世務諮詢を目的とした交詢社から、女性が除外されたことに端的に示されているように、それは真に女性自身によるネットワークの形成をめざすものにはならなかった。福澤家の集会に、妻錦や里・房といった娘たちの名で招待されたのは、あくまでも福澤の友人知人の妻子に過ぎなかった。第四章で見たように女性側からすれば、それは父や夫、息子によって与えられる属性を通してのネットワークでしかなかったといえる。本人ではなく、誰の家族であるのかが、その人物の価値を定める。福澤が提唱し推進したような会合は、確かに女性たちに交際の機会を与え、交際によって知識を得る契機とはなった。しかしそれは、新たな時代に応じる情報ネットワークをもたらしたというより、父や夫、息子の地位によるグルーピングに他ならず、父や夫、子どもを介して家族という単位での階層化をもたらしたと指摘できる。すなわち自らの意思に従い、慎重に相手を選ぶことにも制限が与えられていたといえる。

また第五章で見たように福澤は学校教育より社会教育を重視し、女子に対する学校教育を、社会における受け皿がないままに行うことに否定的であった。まずは社会教育によって、偏見を払拭することが重要であると考えたのである。学問や教育に、近代化を推進させる大きな効果を見出していたが、こと女子の学校教育については、そこでの理念は画餅にすぎないと思い込んでいた。しかしながら、保守派は法律の近代化には教育面で対抗するしかないと考え、学校教育制度が改革されていくなかで、女子教育においても儒教主義の導入は充分な成果を上げていた。習慣を変え意識を変容させるためには、全国的に画一な教育を行うことができる学校教育は有効であったのである。教育勅語の普及および影響力が、その効果の大きさを示している。彼の、特に初等教育における学校教育の認識には、誤算があったと言わざるを得ず、学校教育は、学制における福澤の影響力は指摘できても、彼の構想を実現するのに寄与するものとはならなかった。

五、家族論に内在した普遍的課題

これまで見てきたように、福澤の家族論はいくつもの問題を抱えていた。それらは「一身独立」

に始まる彼の近代化構想が、後進国日本という現実の前で抱かざるを得なかった課題であったが、必ずしもすべてが彼に固有の問題ではなく、近代化過程の課題として普遍化しうる側面を見出すことができる。

第一に、性別役割分業の視点である。彼は女性論を見る限り、男女間に不平等を見てはいない。しかし多くの先行研究が指摘するように、特に晩年の彼の言説では、女性を家内労働者と見做している。筆者はすでに、福澤の主張は職分論として、現実に即した過渡的な議論ではないかと述べたが、根底にある問題は、地位の高低あるいは権力の有無を、何をもって計るかである。

福澤は『通俗国権論』第一章の冒頭で「一家の本は婦人に在り、一国の本は民に在り」といい、「家の権柄」は主人にあって、婦人はそれに従っているように見えるが、内実は婦人の勢力が強い。西洋における宗教の宗派を見れば、父母の宗派が異なる場合は、母の方の影響力が強く、一〇中八、九は母に従う。日本においても、子どもは母方の親戚の方によく馴染み、過半は母の支配のもとにあるという。同書で福澤が意図したのは、「一家」における「婦人」と「一国」における「民」を対比させて、「一家の本」が表面上現れなくても女性に握られているように、「一国の本」は民間にあり、国の富強も文明も、騒々しく議論をする政府の役人や学者によるのではなく、実は民間に依るという、民間への期待を述べるためのレトリックといえる。[36] しかしながら、このレトリックを使用するためには、「実は、家庭で実権を握っているのは女性である」というイメージの受容が必要である。著者読者間の共通認識として、内実は女性が強いという意識が成立しなければならない。

女性が意見を通すことができるのは、家内の限られた場所での実力行使であり、それによって女性の立場が保障されるものではなく、ましてや社会的な地位として評価できるわけでもない。家内は「細君」次第で「主人」は「下男同様」、「一家の大本」が「婦人」にあることは「事実相違なきこと」であっても、『男女交際論』や「男女交際余論」で主張したような社会進出を果たし、職業を得て経済的に自立してこそ、男女は初めて等しい存在になる。衣服、飲食、住居、家具に至るまでの家庭内の趣味嗜好が、たいてい「婦人の注文通り」になろうとも、それをもって女性の立場は論じられないはずである。しかし福澤がこうした表現を用いるということは、読者は事実として納得する、すなわち、家庭内の趣味嗜好において女性の力は強く、それをもって女性の地位を計ることが共通の認識になり得ることを示している。これは、人びとの意識下に存在する性別役割分業観の根強さを物語っている。

第二に、すでに見たように、地方自治共同体においては、明治を迎えてむしろ女性たちが政策決定の場から排除されていくようになった。そのなかで欧米を発祥とする、女性に対する参政権付与の議論が起こってくる。福澤は参政権について、「日本婦人論」のなかで「輓近は女子参政の権を争うものさえ世に現われてその論勢日に盛なりと云う」と述べながら、日本における導入については言及せず、国会開設に比して「家会」を開設し、まず「家政参与の権」を与えるべきであると論じる。[37] これも、福澤の限界として指摘される点であるが、ここで考えなければならないのは、彼が普通選挙そのものをどのように考えていたのかである。日本は「国民惣体持の国」ではあるが、官民調和による国会運営を重要視していた彼は、国民の直接的政治参加に対しては、漸進主義であり慎重であった。[38] すなわち政治世界からの排除という視点で見れば、女性であることが事由のようで男女の性差のように見えるが、受容という視点で見れば、男性であることが要件にはなり得ず、性差によるものであるのかは疑問である。女性に限って議論をしているかのように見え、視野を広げれば、性差ではない別の差異が現われてくる。『学問のすゝめ』では出発点の平等を説くと同時に、学問の有無のよる差異を認め学問を勧めるが、事実を見れば出発点の平等化はそう簡単なものではない。近代化過程でもたらされた短期間での急速な画一化は、果たして真の画一化をもたらしたのか。女性問題に限らずバイアスが内在化される、あるいはステレオタイプ化される経緯となった面が指摘できる。

小幡篤次郎

第三は、相続の問題である。小幡篤次郎は、明治八年一一月発行の『民間雑誌』第一一号に「嫡子ニ限リ家督相続ヲ為スノ弊ヲ論ス」を寄せ、兄弟姉妹間に貴賤はなく相続は同等であるべきで、嫡子であるがゆえに無条件で相続するのは、華士族が労せずして俸禄を得ていたのと何ら変わらず、嫡子が「家庭の華士族」となることを「掃攘」しなければ、再び「旧醜態」を露呈する事態になるという。そして家名家産を維持しようとするのは「創業人の自愛心」「私念」であるというトクヴィルの意見を紹介し、長男による単独相続を否定して分割相続を主張する。[39]また明治三三年一一月に宇都宮で行った「一夫一婦」という題の演説の中で、結婚前に自身で「自立自活の計」をたてておくことは勿論必要だが、それに加えて、次男以下にも「相当の財産」を分配するべきであると述べた。彼は自活の道とともに、父から財産の配分を受けることによって「健全にして且楽しき新家庭」を築くことができるという。[40]財産分与は、新しい家族を運営するための資金として、長男以外にも必要なものであった。

福澤には相続に関する議論が少ないが、彼が受けたトクヴィルの影響や右記小幡の演説が『修身要領』普及のための談話会におけるものであったことから、福澤も同様に分割相続の必要性は考えていたと推測される。『日本婦人論』のなかでは、財産は権利の源なので、女性にも分与すべきであり、たとえば不動産や公債証書は、女性でなければ所持できないとするのも一つの方法であると主張する。また『日本婦人論　後編』のなかでも、男子と同様に女子にも分け与えるべきであると主張している。[41]

小幡や福澤が考えるように、財産が家族を運営する資金、単純に次世代の初期投資となるだけであれば、「家」の継承性の問題はない。しかし実際には遺されるものすべてが、次世代間で均等に相続されることは不可能である。不動産や動産の管理だけではなく、祭祀などにおいて「家」を統括してきた存在は、明治以後も継続する。門閥意識を払拭しても、「家督」という概念が残存すれば「家」が継続することになる。そして明治民法においては、戸主の身分に付随する権利・義務が家督として把握されることになった。小幡も「嫡子ニ限リ家督相続ヲ為スノ弊ヲ論ス」では「子女ノ間ニ均分スルノ法ヲ立テザル可ラズ」と均分法を述べるが、明治三三年の「一夫一婦」の演説では「割合は長子即ち相続人に多くする」と述べ、家督の必要性を認めている。[42] 時間的空間的に限定されたはずの近代における家族も、継承性をぬぐいさることができない。「一家」に夫婦と扶養される子という枠を超えた概念が残ってしまう理由は、これまでに見たように、家族に機能が求められるからである。

第四として、家族の機能の問題がある。福澤は、家族による情緒の安定や私徳の涵養といった精神的自立への手助けに期待した。それのみならず、彼はまた「一家」に別の役割も課した。「一身独立」は、他人の智恵によらない精神的自立に加えて、他人の財によらない経済的自立も必須であったから、家業や家産を通じて経済的自立へと仲介することも家族の重要な役割であった。後進国である日本の現状では、やむを得ないことであった。

しかし「一家」に対し感情に起因しない機能を求めることは、一個体としての家族を、それを構成する人びとの意思から遊離させ一機関と化していくことになる。「一身」で担えないのであれば、公的あるいは社会的機関が担うべきはずの機能を、家族に負わせることに他ならない。日本が近代化を進めるために彼が「一家」に求めた機能は、「一身」から出発したはずの「一家」に生活を保障する機関としての側面を付与することになった。

山田昌弘氏は近代家族の機能として、庄司洋子氏の経済的領域における「自助原則」および精神的領域における「愛情原則」という言葉を借りながら、「お互いの一定の生活水準の確保、および労働力の再生産に責任を負う（自助原則）」「お互いの感情のマネージ（情緒的満足を得たり不満を処理する）の責任を負う（愛情原則）」の二つを指摘する。そして「①再生産活動を行うことが情緒的満足をもたらす。（たとえば、「子どもを育てることが、親に人間的成長をもたらす」）②情緒的満足があれば、再生産活動が果たされる。（たとえば、「愛情があれば、家族が経済的に困難でもやっていける」）」という理論が必ずしも成り立たないことは、少し考えれば分かることであり、近代社会は「二種類の矛盾する性格から成り立っている」「家族は再生産・生活保障と感情マネージの危ういバランスの上に立っている」と分析している。[43] 福澤が「一家」に付与しようとした機能は、まさに山田氏の指摘であり、そこからいかに脱却するかが課題であるならば、近代化過程でいかにしてそこに陥ったのかを考えることが、一つの重要な鍵となる。

第五として、家族国家論の問題がある。甲南学園の創立者である平生釟三郎は、自分は武士の家に生まれたことが「今日懐抱セル人類ニ対スル観念、処世ノ方針ヲ定メタル素因」、すなわち人類観や生き方を形成する要因になっていると述べている。[44] 武士であることが、彼のアイデンティティであった。福澤自身も、旧主君の奥平家へ羽織袴の正装で年始の挨拶に行くとき、鏡の前で「これに大小がさしたいな」と独言を言ったことがあるという。[45] そこにあるのは、理屈ではない。明治以後、封建的身分制度が崩壊するなかで、人びとは日本人としてのアイデンティティをどこに求めたのか。福澤は前述のように、「一国独立」して「天下」もまた「独立」するという。「独立」は不可侵であり、「天下独立」には各国間の秩序の形成が必要になる。しかしいみじくも鎌田栄吉が表現したように、自尊がなければ他尊もない。

福澤は明治一五年の『帝室論』(『時事新報』に四月二六日から五月一一日まで一二回掲載)および二一年の『尊王論』(同紙に九月二六日から一〇月六日まで九回掲載)において、皇室について論じている。そのなかでしばしば皇室と国民の関係を家族に模す。彼は「帝室は政治社外のもの」であり、その尊厳と神聖を濫用してはならない、「帝室は万機を統るもの」で「万機に当る」ものではないと言う[46]。では何を担うのか。

直接に国民の形体に触れずしてその精神を収攬し給う者なり

帝室は全国人心の帰する所也

我帝室は万世無欠の全璧にして、人心収攬の一大中心なり[47]

つまり皇室は人びとの心の依りどころである。そして彼は「帝王は一家の父母の如し」といい、父母である皇室の役割として「孝子節婦有功の者を賞して全国の徳風を篤く」することや、次のように、天下に対して「一視同心」であり、人びとに改進を促し人心を収攬する存在となることを挙げる。

我国の帝室は固より日本国を一家視するのみならず、歴史上に於て実に万民の宗家なれば、その天下に対して一視同心は故さらに案じたる策略に非ず、人情にも道理にも共に戻らざるものなるが故に、今の文明の時節に当り、偏く至尊の光明を照らして世事の改進を促し兼て人心を収攬するは、亦帝室維持の長計なるべし[48]

なぜ皇室はそのような存在となるのか。それは「帝室以前日本に家族なく」最も歴史のある家族であり、「日本国民にして誰れかこの帝室の古を尚んでその旧を懐わざる者あらんや」と尚古懐旧ゆえであり、ただ「神聖なるが故に神聖」であった[49]。

家族とは、愛・敬・恕によって結ばれた対等な男女が作り出すもののはずであった。ところが皇室を家族の嚆矢とし、国民がその扶養をうける子どもの如き存在となって「一家」を形成すると理解するのであれば、その感情は概念的なものにすぎなくなる。さらに彼は、人びとは皇后を国母として仰ぎ奉るが、それは「歴史上の由来を心に銘して」のことであるという[50]。等身大の愛情や尊敬や恕という感情ではなく、歴史的な背景によって愛情や尊敬や恕の感情を持つべき「家族」が存在する。家族が歴史的必然によっても、存在することになる。

皇室と国民を家族視することで、本来は「自然の命令」「天の然らしむる所」「神の指示」によって形成される関係に、「それと対立するもの〔人間〕の工夫」としての側面を付与することになる[51]。依田精一氏によれば、日本は「祖孫一体的な「家」を基礎にした家族共同体である「国体」であり、その共同体を「国民の民族的優越性の証」として「絶対的に信仰することが強制」され、「国体」論に対する最も批判的であった中川善之助の「統体法」論ですら、「究極的に「個」人の存在が、国家に対立するものであるとの認識」はなく「「家」制度の本質的批判者」にはならなかった。[52]福澤の近代化構想における家族像も、同じ道程に位置付けられるといえよう。

第六として、ジェンダーバイアスの視点とともに、生物学的性差をいかに解消するかが多様性容認への岐路となる。近代国家形成のうえで避けられない論点として、徴兵の問題がある。明治一八年一月に著述者秋田県平民後藤房、出版人秋田県平民後藤巍によって刊行された『新説男女異権論』は、第七章で「婦女兵役ニ従事スルヲ得ルカ」を論じ、戦場で活躍する女性がいたのは事実であるが、それは特殊な例であり「兵役ハ男子独リ之ヲナシ得ル」（一二一〜一二九頁）ゆえに男女は同権ではなく異権であると結論づけた。日本が独立を維持しつつ近代化を進めるためには、兵力の増強は必須であったが、それを担うのは男性のみであった。人びとの間に、いかにマスキュリニティを形成し定着させるか。それに基づき国家のために死ねる兵士を作りうるか。それは政府によって、また前掲『男女異権論』のように民間においても、作り出される性差であった。

福澤は明治一六年に『全国徴兵論』を出版し、徴兵の不公平の是正に「兵役税」の導入を提言している。男子全員が例外なく兵役を負うために、従来の免役料を廃し兵役税を設け、それを納めて訓練のみを受け常備軍役に就かないか、兵役税でまかなう給与金の支給を受けつつ、三年間の常備軍役につくかを選択できるようにするというものである。慶應義塾を金のある者は金を出し、智恵のある者は智恵を出し、労力を出せる者は労力を出して維持しようと考えた発想と同様で、[53]兵役をマスキュリニティの問題にせず「兵役税」という解決法を見出した。だが、そうであれば兵役を負うのは男子のみに限らずともよかったはずである。福澤は男女同権論争に関しては、まず万人が男女は平等な存在であると理解することを目指したが、それでも男女が負担できる義務については論じる必要があった。そうでなければ、国のために死ねる男性と自己犠牲によってそれを扶助する女性によって成り立つという、明治政府が志向する家族像に対して、彼が主張する家族との違いを明示することができない。

植木枝盛は、『土陽新聞』に明治二一年七月一七日から八月二六日にかけて連載した「男女の同権」のなかで、「婦女の参政権」に反対する意見には「男子は国家に在りて兵役の義務を負担すれども、婦女は軍事に堪えず比較を以て論ずれば、体力においては畢竟男子に逮ぶこと能わざるものなり」、つまり女性は体力的に男性より劣り兵役の義務を負担することができないのであるから、参政権を与える必要はないと論ずる者がいるが、女性が兵役に就かないのは決して「自己の随意に任ずる」訳ではなく、「実に当然の理由」があるからである。「婦女は男子と同じく租税を払い、国法を奉じ、しかしてただその兵役に至っては、いかにもこれに服すべからざるの理由有るが故に、これに服せざるのみ、はたまた何の参政権を得るに害あらんや」と、税金を払い国法を奉じていれば、正当な理由によって兵役に服することができないなら「参政権を得るのに害」にはならないと主張する。厳然と存在する性差をいかなる理論と方法で解消するかが、大きな視点である。

最後に第七として、理想の具現化の問題がある。小幡は前述「一夫一婦」のなかで、「健全にして且美はしき家族」を作るためには、まず「女子に選択の自由を与へ、相愛し相敬するの男女をして、一家を造る」ことが大切であり、まずは「男女交際の方を改良」して女子が「平常男子に接し、男子を知るの機会を富ましめ」ることが必要であると述べるが、その具体的な方法については「其の実地の方法如何に至ては頗る困難にして、予自身に於ても明案なきに苦しむものなり」と、現状では術がないことを述べている。[54]小幡の娘桜井静子は父が『女大学評論・新女大学』を一冊くれたが、その前書きには「読み誤って、わがまますることはならぬ」と書いてあり、「やかましかった」と回想している。[55]

福澤の四女で、のちに東京ＹＷＣＡの会長なども務めた志立滝《たき》は若いころから闊達で、一五歳のときにロンドンで発行されていたアトランタという雑誌に投稿し、掲載されている。一八九一年七月二〇日付の執筆で「日本女子の生活」と題された文章は、翌明治二五年七月一四日付の『時事新報』に翻訳が載った。その論説で滝は「日本上流社会女子の生活」は「閉居より自由に移る」の「大変革」の時であると述べ、また特に結婚について、英国の読者は日本の女性が親の意向で結婚させられているように思っているかもしれないが、日本では「年少き《としわか》女子が勝手次第に年少き《としわか》男子に面会して談話することは甚だ稀」であるから、年頃になれば両親が適当な配偶者を探すのであり、また両親は自分たちの意見を押し付けるのではなく、本人の意思を第一に尊重してくれるので、気に入らなければ次の人に当ってくれる。「長者は少者よりも世故に慣れて何事に就ても知る所博し」であるから、日本の女子は「此風の結婚法」に従って躊躇する者はいないと主張している。この記事には「エル　チー　ミード」なる人物によるコメントがあり、日本の女子の「従順温良」で父母を重んじる心があることは「殊勝」であり、「英国の姉妹」もある部分ではこれに倣えば「必ず利益ある可し」と述べられている。娘の意見は父とはまた、異なるものであった。

福澤自身、「人間世界は人情の世界にして哲学の世界にあらざればなり」と理屈だけの問題ではなく、簡単ではないことを自覚はしていた。[56] 具体的に男女交際の場を設け、学校教育よりも社会教育の場において、意識の変革を促そうとしたが、理想の具現化は困難な道であった。明治三四年の入学式で当時慶應義塾長を務めていた鎌田栄吉が行った演説で、彼は外国ではワンマンカーが成立し、本を借りれば、きちんと返却するので、図書館が成り立つという。しかしもし日本で同じことを行ったならば、みな運賃を入れるふりだけをして支払わないし、本も気に入ったページを切り取ってしまう。それがモラルの違いである。独立自尊の精神で人が見ていなくてもモラルのある行動をとるべきであると述べた。[57] この点では以後、日本は飛躍的な変化を遂げた。それは真に根付いたものであったのか。もし、真に根付いたものであるならば、なぜ女性の社会的地位の向上や性別役割分業は未だ懸案事項のままなのか。いずれにその差異があったのか、家族像の具現化について、再考せねばならない。

おわりに

福澤諭吉の家族論への関心は、冒頭で述べたように幕末にジョン・ヒル・バートンの『政治経済学　学校用および独学のために』に出会い、結婚が「固より天の然らしむる所にて人力に非」ざることを知ったときからであろう。彼は西洋における家族が、世界で最も仲睦まじく、争いのない関係と定義できると理解した。

明治の新しい世を迎えて、為政者に対して人びとが主体となるべく、福澤は「一身独立」に端を発する近代化を構想した。他人の智恵や財に依ることなく「一身」が独立して、「一家」を形成し、その「一家」が独立して「一国」の独立へとつながる。ただし、この「一家」は、歴史的な背景を持つ江戸時代における「家」ではなく、対等な男女が感情によって作る新しい家族でなければならなかった。彼は、社会の変革を先導できる人材の多くが士族出身や地方名望家であると想定したが、特権階級だった彼らが近代的な思惟体系に変わるためには、門閥意識から抜け出すことが必須であった。すなわち、新しい家族の創出は、近代化のひとつの要であったといえる。

彼は新しい家族の紐帯として、愛や敬、恕の感情を求めた。生涯にわたって家族をポジティブに捉え、晩年の『福翁百話』においても、結婚は丸儲けにはならないが、差し引きして勘定の正しいものであり、家族を持つことによって人生活動の区域が広がっていくと述べている。[1]

彼の家族論は、近代化を進めるうえで理にかなった〝正しい〟家族像のように見える。「天の然らしむる所」である感情の結びつきで成立するがゆえに、家族には争いがなく、約束や駆け引きがいらず、人びとに情緒の安定をもたらす。愛情を重視すれば、究極の理想は自由愛情、フリーラヴになる。しかし彼は、文明がまだ進歩している途中では、フリーラヴは相容れられないという。それがたとえ「天の命ずる所」で「道理に背くものに非ず」といえども、人間世界は今日までの道徳に照らして、フリーラヴを許さないとする。それでは現状での最良の家族の形とは何か。彼は男女平等の考えに基づく「一夫一婦」と、後進国の立場から社会の安定を求める「偕老同穴」を目標とする。[2] ここから、彼の家族論に矛盾が生じてくる。

近代を形成する新しい家族の紐帯は、人為的なものではなく、感情に依るべきであった。しかし近代化過程のなかで「一家」には、精神的および経済的両面において、「一身」の独立を補完し「一国」の基となる役割を担ってもらわなければならない。一家団欒や私徳の涵養、家業経営や資本としての家産など、彼は「一家」には様々な機能が見出せると考えた。ただし、もし家族が愛・

敬・恕という感情だけを基盤とするのであれば、感情は決して不変ではないから、感情に基づく家族は不変ではない。「一家」は近代化推進の一翼を担わなければならないのであるから、脆弱な基盤では困る。彼は、文明は進歩するのであるから、それぞれの段階に合致した家族の姿があるという。そして明治の日本にとっては、それが「一夫一婦」「偕老同穴」であるとする。

しかし「一夫一婦」も「偕老同穴」も「人力」によって成り立つものである。福澤が主張するように、男女の不平等は解消すべきであり、また不当な理由による離婚は許されるべきではないが、しかし「一夫一婦」「偕老同穴」を成し遂げるためには、「人力」による工夫、あるいは「一家」に対する自己犠牲の精神が必要とされることは否めない。彼は男女交際の推進によって、自分にふさわしい配偶者を得ることができるというが、比較対象とした欧米においても、不品行が横行していることは知っており、最良の配偶者を求めることが容易ではないことも分かっていた。[3] そのうえで、「一夫一婦」「偕老同穴」に国家の基礎をなす「良家」を求め始めれば、同時に一人一人の存在が「一家」のなかに内包されることになり、個々人の主体化からは遠ざかることになる。つまり「一身」と「一家」の意思が対立するとき、もし「一家」が優先されるのならば、彼の近代化構想そのものが崩れることになる。

吉田熊次が指摘するように、福澤の家族論は、個人主義と家族主義が「曖昧模糊」と混在している。[4] それは彼が、家族に機能を求めるからである。本来は愛や敬、恕を介して「一身」が結び付く集まりであるはずの家族が、「一家」というひとつの個体として〝意思〟を持って役割を果たすことになり、家族はひとつの機関となる。そこに根本的な問題がある。家族に求められるものは感情の紐帯であるのか、それとも生活を保障しあえる集団としての機能なのか。

現代に引きつけて考えれば、家族は、法律でそのあるべき姿を定められ、社会的な保障機能を果たす集団でなければいけないのか、それともあくまで感情による結びつきであり、究極の姿はフリーラヴなのか。私たちが現在抱えている家族に関する諸問題、たとえば婚外子差別撤廃がもたらす法律婚そのものへの疑問、無戸籍児や放棄される子どもの問題、親の生活保護や介護義務の課題等は、近代以降家族が負ってきた機能を問い直す時期が来たことを示している。

そして福澤の家族論は、愛情だけに基盤を求めて家族に機能を付与することの危うさを示唆している。多くの人びとにとって、愛情は絶対的な真実であろう。しかし実は脆くもある愛情に、私たちは何を求めていくべきなのか。文明が直線的に進歩するわけではなく、価値観も多様であるべきことを知った私たちは、新たな家族のあり方を模索しなければならない。

注

はじめに

1　『著作集』第一一巻、五四頁
2　同上、五九〜六〇頁
3　『女子研究』同文館、一九一一年、三八五〜三九〇頁

第一章

1　『著作集』第一巻、八七頁
2　同上、八〇頁
3　同上、八八頁
4　アルバート・M・クレイグ著、足立康・梅津順一訳『文明と啓蒙　初期福澤諭吉の思想』慶應義塾大学出版会、二〇〇九年、九五頁
5　前掲クレイグ著書九五〜九六頁
6　同上、九五頁
7　『著作集』第一巻、九二〜九四頁
8　長島淳子「第三章　近世　嫁入り婚と小家族の展開」『歴史のなかの家族と結婚　ジェンダーの視点から』森話社、二〇一一年、一三五頁
9　同上、一三六頁
10　黒瀬家蔵。この分限帳では、大身を筆頭に大身並、寄合格、供番、家中、表小姓、儒者、医師、右筆、厩格、供小姓、小役人、組外、足軽帯刀之者御目付御用人、紙漉、表坊主、御錬道具堅師、御蔵番役、御肴洗、御土戸番、御山手代、馬医、御大工棟梁細工師、鍼師、御厩小頭、御庭中間、御中間頭、目明、手前抱、寺方となっている。
11　松崎欣一「史料に見る中村諭吉の名と福澤諭吉の家禄」『福澤手帖』第二一号、一九七九年、一九〜二三頁
12　諭吉は約四〇両の借財返済のために、百助の蔵書を一括して臼杵藩に売却した。『著作集』第一二巻、五七頁
13　漢字の使い分けは、傾向があるという程度で必ずしも絶対ではない。
14　『著作集』第九巻、八〜九、二九〜三〇頁
15　河北展生「中津藩縁辺事件に関する二三の資料」『史学』第五二巻一号、一九八二年
16　「福澤諭吉子女の伝」『全集』別巻一二一〜一二二頁
17　鈴木よね子校訂『只野真葛集』叢書江戸文庫三〇、国書刊行会、一九九四年、二七六頁
18　曽根ひろみ「慣行と法を破る性　「無法恋慕」と密通」二〇一二年度総合女性史研究会大会報告。『総合女性史研究』第三一号、二〇一四年、一一一〜一一三頁
19　「中津留別の書」は明治三（一八七〇）年一一月二七日に執筆された。『著作集』第一〇巻、二頁。他に明治二年二

月二〔〇〕日付松山棟庵宛書簡では「一身独立して一家独立、一家独立一国独立天下独立」（『書簡集』第一巻、一一四頁）、明治三年一月二二日付旧三田藩主九鬼隆義宛書簡には「一身之独立ニ家ニ及ひ、一家之独立ニ国ニ及ひ、始て我日本も独立之勢を成」（『書簡集』第一巻、一五七頁）と記している。

20 『著作集』第四巻、六頁

21 『書簡集』第一巻、一一七頁。『著作集』第一巻、八頁。『書簡集』第一巻、一五七頁

22 「中津留別の書」は明治三年一一月に母順が東京へ移住する際、福澤が中津まで迎えに行き、引き上げるにあたって、いよいよ故郷との別れに際し、新しい時代の生き方や規範について彼の意見を記したものである。「人誰か故郷を思わざらん、誰か旧人の幸福を祈ざる者あらん」と書かれている（『著作集』第一〇巻、八頁）。

23 『著作集』第三巻、一六頁

24 同上、八八頁

25 『全集』第一九巻、三八七～三八八頁

26 百助の文章に対する評は、『福澤全集緒言』に書かれている、明治維新後訪ねてきた旧中津藩士高谷竜洲の言葉。帆足万里の門人で、『万国公法蠡管』（六冊）、『日本全史』（五〇冊）などの著作があり、明治になって東京愛宕下に済美黌を開塾し中江兆民らを教えた人物である。『著作集』第一二巻、四一五頁

27 最初は単身で赴任し、のち妻を呼び寄せ、五人の子どもは大坂で生まれた。小田部家の襖の下張文書調査記録は、二〇一五年度刊行予定である。

28 『著作集』第一二巻、六頁

29 同上、一〇頁

30 明治二年六月一九日付簗紀平宛。『書簡集』第一巻、一三三頁。

31 明治八月二四日付服部五郎兵衛宛。同上、一三八頁

32 前掲服部五郎兵衛宛書簡。同上、一三八頁

33 前掲簗紀平宛書簡。同上、一三三頁

34 明治二年四月一七日付藤本元岱宛書簡。同上、一二七頁

35 『著作集』第一二巻、四九七頁

36 『著作集』第三巻、五四頁

37 『著作集』第四巻、二七四～二七五頁

38 『著作集』第三巻、五五頁

39 同上、五六～五七頁

40 「明治十六年四月　慶應義塾紀事」『福澤関係文書』K1-A04-11

41 『著作集』第七巻、四八頁

42 同上、七頁。第九巻、一二五頁

第二章

1 『著作集』第一巻、八七頁、第一〇巻、二～三頁

2 『著作集』第一〇巻、三～四頁

3 同上、四頁

4 同上、四頁

5 『著作集』第三巻、八八～九二頁

6 福澤家には一八七〇年にニューヨークの D. Appleton and Company から刊行された版が保存されており、福澤によると思われる不審紙がある。この手沢本に関する分析は、安西敏三『福澤諭吉と自由主義　個人・自治・国体』（慶應義塾大学出版会、二〇〇七年）に詳しい。

7 明治七年五月発行の『明六雑誌』第八号から八年二月の第二七号までに断続的に五回掲載された。以下『明六雑誌』掲載論文は、山室信一・中野目徹校注『明六雑誌』（上・中・下、岩波文庫、一九九九年～二〇〇九年）による。

8 岩波文庫、下巻七四、二〇、二九、一九四～一九五頁

9 岩波文庫、下巻九四～九六頁

10 『書簡集』第一巻、三一二～三一三頁

11 『著作集』第四巻、四頁

12 同上、二〇〇～二〇一頁

13 前掲書でバートンは「両親が子どもに対してまったく利己的にならないのは自然の法則である」、家族は「神聖な愛情と優しさが光り輝く来世における人間のより幸せな状態」を示していると述べる。福澤は『西洋事情　外編』（慶応四年）において、家族間に「私欲」がなく「相競い相争うの痕跡」がないのは「家族の睦き情合」を広めて「四海の内」を一家族のようにしようとする趣旨の「造物主の深意」であるともいう。クレイグ前掲書、九五頁。

14 『著作集』第一巻、八八頁

15 同上、八八～八九頁

16 『著作集』第四巻、二〇〇頁

17 『書簡集』第一巻、一三三頁

18 月一〇回の発行で、翌年三月三〇日付第六六号まで続き、四月五日に号外を出して、第六七号から新聞形態の『民間雑誌』となった。

19 平凡社、二〇〇二年、二二二～二二三頁

20 山口光朔訳。岩波文庫、一九六二年、上巻、二〇一頁

21 金坂清則訳。平凡社東洋文庫八一九、二〇一二年、一八二頁

22 石川欣一訳。平凡社東洋文庫一七二、一九九二年（二二刷）、一巻、六八頁

23 フィリップ・アリエス氏は『〈子供〉の誕生　アンシァン・レジーム期の子供と家庭生活』（みすず書房、一九八〇年）で、中世ヨーロッパでは七歳ごろを過ぎれば子ども

は小さな大人であり、子どもとの情緒的な関係は欠如していたが、一六世紀から一七世紀以降に家族意識が芽生え、一八世紀以降になると家族関係、特に母子関係が緊密化すると分析している。

24 『著作集』第一〇巻、五頁

25 『全集』第四巻、四一二〜四一四頁

26 『著作集』第一〇巻、六頁

27 『著作集』第一二巻、三六六〜三六七頁

28 息子宛の書簡については、『愛児への手紙』岩波書店、一九五三年。Helen Ballhatchet Fukuzawa Yukichi as a Father: Translations of Letters Written to His Two Eldest Sons While They Were in the United States, 1883-1888『慶應義塾大学日吉紀要　英語英米文学』No. 62、二〇一三年、拙稿「書簡にみる福澤諭吉の男女観」『近代日本研究』第二〇巻、二〇〇四年、明治一八年一〇月二日付福澤一太郎宛書簡『書簡集』第四巻、三〇七頁

29 「法的家族像と家族法制」『日本家族史論集3　家族と国家』吉川弘文館、二〇〇二年（一九九二年初出）、一七六〜一七七頁

30 「名の法をめぐる民法草案と全国惣体戸籍法の対峙　明治六年小野組転籍事件をとおして」『日本法学』第七八巻第一号、二〇一二年、三三頁、五八〜五九頁

31 井戸田前掲論文、一七八頁。福島正夫・利谷信義「明治前期における戸籍制度の発展」『日本家族史論集3　家族と国家』吉川弘文館、二〇〇二年（一九五九年初出）、二七六頁

32 「明治維新と近世身分制の解体」歴史学研究会・日本史研究会編『日本史講座第七巻　近世の解体』二〇〇五年、一五八、一五九頁

33 「明治初年の士族触頭制と戸籍法—身分法解体の視点から」『論集きんせい』第二四号、二〇〇二年

34 福島・利谷前掲論文では、明治四年戸籍法の矛盾として、第一に「戸籍編製の手続としての法形式と、それをもって戸籍上万般の取扱に適用させねばならない法内容上の要求との間」、第二に「戸籍の現実表示の要求とその実際との間」、第三に「戸籍に反映された現実の家族生活と理念的に設定された「家」制度による規制との間」、第四に「国家権力と戸主権力との間」の四つの点を指摘している。二九〇〜二九一頁

35 福島・利谷前掲論文、二七一頁

36 『著作集』第一〇巻、四三〜四四頁

37 『著作集』第八巻、一八七頁

38 日本史籍協会編『木戸孝允日記』二、マツノ書店、一九九六年、一五七頁

39 久米邦武編、田中彰校注『特命全権大使米欧回覧実記二』岩波書店、一九八五年、二四八頁

40 田中彰『近代日本の歩んだ道 「大国主義」から「小国主義」へ』人文書館、二〇〇五年、三四頁
41 前掲『米欧回覧実記二』二四八～二四九頁
42 『久米博士九十年回顧録』下巻、宗高書房、一九八五年（復刻版、一九三四年初出）、二五一～二五五頁
43 岩波文庫、下巻七四～七五頁
44 『書簡集』第四巻、九、一七一頁
45 『著作集』第一〇巻、七八～八〇頁
46 『書簡集』第七巻、七一～七二頁
47 四三丁裏～四四丁裏
48 渡辺幾治郎『教育勅語の本義と渙発の由来』藤井書店、一九四〇年、二四四頁
49 『著作集』第一巻、八八頁
50 『著作集』第一〇巻、八二頁
51 同上、八〇、九一、一六九頁
52 同上、九三頁
53 同上、六九頁
54 同上、一六九頁
55 『著作集』第三巻、一九六頁
56 『著作集』第一〇巻、一〇二、一一三～一一五、一一九、一三四頁
57 同上、一三五頁
58 同上、一三二頁
59 『書簡集』第六巻、三六五頁、第七巻、一五九頁。
60 明治一八年四月二五日中村道太宛書簡（『書簡集』第四巻、二六九頁）、明治二二年九月七日付福沢捨次郎宛書簡（『書簡集』第六巻、一六九～一七〇頁）、明治二五年四月一八日付柴林宗太郎宛書簡（『書簡集』第七巻、一六九～一七〇頁）他。『福澤諭吉事典』慶應義塾大学出版会、二〇一〇年、四一八～四二三頁
61 『全集』第一九巻、一六五、一六八～一七一頁
62 一月三一日付『時事新報』のほかに、明治二八年四月一三日付清岡邦之助書簡。『書簡集』第八巻、四七頁。
63 『書簡集』第七巻、二〇一頁。第八巻、二七七頁。
64 『著作集』第一一巻、五七～五八頁
65 同上、六〇頁
66 『著作集』第一二巻、三六〇頁
67 ひろたまさき「福澤諭吉の婦人論にふれて」『岡山大学法文学部学術紀要』第三九号、一九七九年。早川紀代『近代天皇制と国民国家　両性関係を軸として』青木書店、二〇〇五年、六六頁
68 『著作集』第七巻、一四四、一四九頁
69 『著作集』第一〇巻、一六八頁
70 『全集』第二一巻、三五三～三五六頁
71 書簡は『書簡集』第八巻、一七三頁、自伝は『著作集』第一二巻、四〇五～四〇六頁

72 『全集』第二一巻、三五四頁
73 『著作集』第一一巻、五三～五四頁
74 『全集』第一一巻、六三～六五頁
75 『著作集』第一一巻、五三～五五頁
76 『著作集』第一〇巻、二～三頁。第三巻、八八頁、第一〇巻五九、六〇、六五頁
77 『著作集』第一〇巻、一七一頁
78 同上、四頁
79 『著作集』第一〇巻、一七三、一九八、二〇九、二一〇、二一三、二一九、二二一、二二二頁
80 『著作集』第七巻、一五一、一五四、一六一～一六二頁
81 五百旗頭薫『条約改正史　法権回復への展望とナショナリズム』有斐閣、二〇一〇年、七二、一五三、二〇六、三一八頁
82 『日本男子論』のなかで、チャールズ・ディルク（Charles W. Dilke 1843～1911）について触れている。『著作集』第一〇巻、一八四頁
83 山本武利「『万朝報』の発展と衰退」『万朝報』解説・解題、日本図書センター、一九八四年、二一頁
84 『著作集』第一〇巻、三三八頁
85 同上、一九〇頁
86 同上、二二二頁
87 同上、二一八～二一九頁
88 同上、二二三頁
89 「日本男子論」『著作集』第一〇巻、一九〇頁
90 『著作集』第一〇巻、七八頁
91 同上、一八七頁
92 掲載は断続的で、「福翁百話」が明治二九年三月一日から三〇年七月四日まで、「女大学評論」「新女大学」が明治三二年四月一日から七月二三日まで。単行本はそれぞれ明治三〇年七月、三二年一一月に刊行された。『著作集』第一〇巻、二七一、三一五、三一九頁など。単行本に関しては、慶應義塾図書館ホームページ上で全文検索が可能である。
93 『著作集』第一〇巻、四六～四八頁
94 石崎昇子「第四章　近代　都市家庭の形成と結婚観の変化」『歴史のなかの家族と結婚　ジェンダーの視点から』森話社、二〇一一年、一六五～一六六頁
95 「村人の一生」日本村落史講座編集委員会『日本村落史講座7　生活Ⅱ近世』雄山閣、一九九〇年、一五七～一五八頁
96 脇田修「幕藩体制と女性」女性史総合研究会編『日本女性史』第三巻、東京大学出版会、一九八二年。浅倉有子「武家女性の婚姻に関する統計的研究・試論　『寛政重修諸家譜』を素材として」近世女性史研究会編『江戸時代の女性たち』吉川弘文館、一九九〇年

97 『著作集』第一〇巻、七二〜七四頁
98 同上、四六〜四七頁
99 法律文化社、一九九七年（二刷）
100 『書簡集』第八巻、二一八頁
101 中村仙一郎著、中村文夫編『聞き書き・福澤諭吉の思い出 長女・里が語った、父の一面』近代文芸社、二〇〇六年、二一頁
102 『著作集』第一〇巻、三三九頁
103 伊藤正雄編『明治人の観た福澤諭吉』慶應義塾大学出版会、二〇〇九年、一六三頁

第三章

1 『著作集』第一〇巻、五〜六頁
2 『著作集』第五巻、三四〇〜三四四頁
3 『著作集』第一〇巻、三二二頁　明治二二年一月三〇日の時事新報社説タイトルほか
4 『著作集』第六巻、六六頁、第七巻、二九二頁
5 『著作集』第五巻、三一四頁
6 『著作集』第一一巻、九五頁
7 『著作集』第一〇巻、三一二頁
8 同上、三二二頁
9 『著作集』第一一巻、一〇二〜一〇三頁
10 上野大輔氏は、長州領内前大津宰判の大庄屋だった中野玄蔵の「家訓書」や『家法経済考記』『家制定法』について報告している。「近世後期における真宗信仰と通俗道徳」『史学』第八二巻第一・二号、二〇一三年
11 『著作集』第四巻、一三二〜一三三頁
12 『公智と実学』慶應義塾大学出版会、二〇一二年。一〇〇〜一〇七頁
13 「福澤全集諸言」『著作集』第一二巻、四九四頁
14 『著作集』第四巻、一四〇〜一四八、一七一頁
15 『著作集』第七巻、一二六〜一三〇頁
16 但し彼はこの著作のなかで、男性が自らの女性に対する不品行について、まずは自覚することに重きをおき、「我輩は多を求めざる者なり」として品行を完全に改めることまでは求めない（『福澤諭吉選集』第九巻、岩波書店、一九八九年（二刷）、八四〜一二〇頁。特に八六〜八七、一一九頁）。
17 『日本男子論』は一月一三日から二四日まで一〇回にわたり『時事新報』に掲載された。この論説は、冒頭部分によれば、一八年に「日本婦人論」として男性と女性が同等であることを説き、一九年に「男女交際論」によって、お互いに学び合う男女交際である情交の重要性を説いたが、女性だけを対象とせず、男性にも「筆の鋒」を向け、低い方を高くすると同時に高い方を低くする努力も必要であると考えた結果であるとしている。『著作集』第一〇巻、一

六〇、一六七～一六八頁
18 『著作集』第一〇巻、一六六頁
19 『福澤諭吉　文明と社会構想』創文社、二〇〇〇年、一一六～一一七頁
20 『著作集』第五巻、三五一頁
21 同上、三五四頁
22 『著作集』第一〇巻、一六七～一六八頁
23 「読倫理教科書」『著作集』第五巻、三五一頁
24 『著作集』第九巻、二九頁
25 「華族の教育」『時事新報』明治二三年五月一九日社説。
26 拙稿「九鬼隆義宛未発表書翰をめぐって」『福澤手帖』第八九号、一九九六年。明治二二年一一月二五日付白洲退蔵宛書簡『書簡集』第六巻、二〇三頁
27 『福澤諭吉の政治思想』慶應義塾大学出版会、二〇一二年、第五章・第六章
28 『著作集』第八巻、一八七頁
29 『著作集』第一〇巻、四三頁
30 同上、八二頁
31 前掲福島・利谷論文、一八二頁
32 『著作集』第一二巻、一九～二〇頁
33 『著作集』第一〇巻、四四、一五〇頁
34 『日本の女性と産業教育　近代産業社会における女性の役割』東信堂、二〇〇〇年、二九頁。女性向けの職業案内書は、『婦人と職業』（民友社編、明治二八年）、『婦人職業案内』（林恕哉、三〇年）、『女子の職業』（福良虎雄、同前）、『女子職業案内』（落合浪雄、三六年）、『女子の新職業』（木下祥真、三八年）、『女子職業案内』（近藤正一、三九年）、『婦人職業論』（伊賀歌吉、四〇年）、『女子の新職業』（手島益雄編、四一年）など、明治三〇年代後半以降になってようやく出版される。
35 「西航記」五月九日条・七月三日条。「西航手帳」、『全集』第一九巻、三三、四〇、一三〇～一三一頁。売春に関する記事は、オランダ語で書かれている。
36 拙稿「小幡篤次郎考Ⅲ　「女工場の開業を祝するの文」をめぐって」『近代日本研究』第一九巻、二〇〇三年
37 『著作集』第一〇巻、四四～四五、七八頁
38 同上
39 同上、八九頁
40 同上、一四八～一四九頁
41 同上、一四八～一四九頁
42 同上、一四九～一五〇頁
43 利谷信義「明治民法における「家」と相続」『日本家族史論集9　相続と家産』吉川弘文館、二〇〇三年、一二九～一三〇頁
44 「明治民法起草委員の「家」と戸主権理解　富井と梅の「親族編」の議論から」『法政研究』第七四巻第三号、二〇

〇七年、五三一頁。富井はこうした弊害への対策として「廃戸主規定」導入を主張した。

45 『著作集』第一〇巻、一七頁

46 「明治前期の判決例にみる女性と相続」明治維新史学会編『講座　明治維新』第九巻、有志舎、二〇一五年刊行予定。

47 大口勇次郎『女性のいる近世』勁草書房、一九九五年、一〇二～一〇三頁。柳谷慶子『近世の女性相続と介護』吉川弘文館、二〇〇七年

48 『著作集』第一〇巻、一八頁

49 中津藩中屋敷内にあった蘭学塾は、福澤が始めたものではなく、福澤以前は杉亭二や松木弘安が教鞭をとっていた。また「分権論」や「旧藩情」は、最初写本の形で中津の士族間に回覧されている。

50 『明治前期財政経済史料集成』第九巻（大内兵衛・土屋喬雄編、改造社、一九三三年）から中津藩の藩債高を算出すると、二四五、三七五、九二五円になる。収入である中津藩の実高は、明治三年一〇月の「藩治取調帳」（黒屋直房『中津藩史』、碧雲社、一九四〇年、六五八頁）によれば五万三〇〇〇石で、当時の米価相場一石三円七六銭で計算すれば、一九九、二八〇円となり、債券の総額は実収入の一二〇％以上になる。明治六年になると、天保一四年以前の古債は明治政府によって棄捐措置が取られるが、それを除いた公債でも約五三％に達する。さらに藩札の発行高は、資料によってかなり相違があるが、大蔵省考課状の「旧藩県製造楮幣表」によれば二〇五、〇〇〇円、『大日本貨幣史』（大蔵省、一八七七・一八七八年、五七〇～五七一頁）では銀二三、三七〇貫目（新貨に換算すると約一三六、〇〇〇円）、『明治財政史』（大蔵省内明治財政史編纂会、第一二巻、二七九頁）では一三五、三二七円四九・五銭である。後者二つの数値には大差はないので、一三五、〇〇〇円から一三六、〇〇〇円程度と考えてよいであろう。債券高に藩札発行高をくわえたおよそ三八一、〇〇〇円を負債とみると、それを実収入で割れば、約一九〇％ということになり、簡単に返済できる割合ではない。ただこの数値を下山三郎氏の統計（『近代天皇制研究序説』岩波書店、一九七六年、二八四頁）と比べると、比率で比較すれば中津を上回る藩が四分の三を占める。拙稿「奥平家の資産運用と福澤諭吉　新資料・島津復生宛福澤諭吉書翰を中心として」『近代日本研究』第一一巻、一九九五年、二〇二～二〇六頁

51 『大分県史　近代篇Ⅰ』大分県、一九八四年、七九～八〇頁

52 前掲『明治前期財政経済史料編成』第八巻、二五〇頁

53 前掲『大分県史　近代編Ⅰ』三〇三～三〇四頁

54 同上、三〇四頁。山崎家日記は、山崎家より許可を得て

慶應義塾福澤研究センターで複写物を所蔵している。

55 松沢弘陽『近代日本の形成と西洋経験』岩波書店、一九九三年、二二四頁

56 文久二年四月一一日付。『書簡集』第一巻、一二一～一四頁

57 入門帳は文久三（一八六三）年春から。学則は慶応四（一八六八）年から。明治二（一八六九）年四月一七日付藤本元岱宛書簡。洋学校は自分の祈願するところであり、実現する暁には、自分も協力のため折々に中津へ戻ることを述べていた『書簡集』第一巻、一二七～一二八頁

58 マイクロフィルム版『福澤関係文書』。拙稿「中津市学校に関する考察」『近代日本研究』第一六巻、二〇〇〇年、六六～六九、一〇四～一〇六頁

59 『書簡集』第二巻、一〇二頁

60 旧藩主からの出金は一〇〇〇石とある資料と、一〇六〇石とある資料がある。詳しくは前掲拙稿「中津市学校に関する考察」

61 一次資料としては、前掲の開校時や開校間もないころの資料、中津で発行された『田舎新聞』『田舎新報』の記事、後出の「市校事務委員集会録事」、関係した福澤や小幡篤次郎の書簡などである。

62 広池は早稲田大学や神宮皇學館で教鞭をとり、のちにモラロジーを提唱した麗澤大学の創立者で、明治一二年四月から翌年六月にかけて中津市学校で学んだ（『資料が語る広池千九郎先生の歩み』改訂版、財団法人モラロジー研究所、一九九九年改訂五刷、七二一頁）。『中津歴史』の記事は、自己の記憶や執筆時に残存していた記録から著したと思われる。同書によれば、学校の様子は次のような状況であった。「本校教師等既ニ校内ニ弁説会ナルモノヲ開キ、古老ノ士人亦往々来テ之ニ参列シ、泰西新奇ノ演題ヲ掲ケテ互ニ討論演説ス。又会議法ヲ講シ、新聞紙ヲ読ミ、自主自由ヲ談シ、殖産興業ヲ説キ、洋医ヲ尊ヒ、衛生ヲ論シ、時計ヲ携へ、寒暖計ヲ置キ、避雷柱ヲ設ケ、椅子立机ヲ用ヒ、洋服ヲ着、靴ヲ穿チ、蘭燈ヲ点シ、巻烟草ヲ吸ヒ、牛肉ヲ食ヒ、乳汁ヲ醱リ、洋食ヲ賞シ、麦酒ヲ飲ミ、廃刀断髪夙ニ欧米ノ風化ヲ学ヒ、文明ノ利器ヲ採用セシハ、地方実ニ其淵源ヲ本校ノ内ニ発セサルモノナシト云」（『中津歴史』下、防長史料出版社、一九七六年（一八九一年初出）、三〇八頁）

63 前掲『資料が語る広池千九郎先生の歩み』二六～二七頁

64 『著作集』第三巻一〇七、一一一～一一二、一一〇頁

65 前掲『中津歴史』下、三〇七頁

66 「旧藩情」は生前には活字にならなかった。明治三四年六月一日から九日まで時事新報に掲載されたのが最初である。明治一〇年六月六日中津市学校校長浜野定四郎宛書簡（『書簡集』第二巻、一八頁）では、中津を悪しき例として

挙げているので、中津の人の中には公にするのを嫌う人がいるかもしれない、嫌がる人がいるなら公表はしないと言っている。

67 『著作集』第九巻、二四〜二五頁

68 『著作集』第七巻、九〜一一、四九〜五〇頁

69 『書簡集』第二巻、一七頁

70 明治一〇年六月二日付。『書簡集』第二巻、一五〜一六頁

71 『書簡集』第二巻、一七頁。開立舎は、明治三八年五月二二日付『時事新報』「小幡先生逸話（六）」によれば、慶應義塾内にあった中津出身者の寄宿舎である。

72 公立校との合併の話はそれ以前の小倉県時代にも福岡県時代にもあったが、双方が満足せず立ち消えになっていた。早い時期では明治五年一一月七日付島津復生宛の福沢の書簡に「学校も不相替繁昌之よし。天朝さまへうり付けハ六かしき歟」（『書簡集』第一巻、二五三頁）とあって、合併らしい話が見える。前掲『中津歴史』によれば、初期には国学者渡辺重春等が教えていた西御門皇学校の生徒たちが、「急進ニ西洋実利的主義ノ教育法」を採る中津市学校や「支那貴族的主義ノ教育法」を採る旧藩校進脩館に反感を抱き、三つのグループが互いに対立する状況もあった（下二四六〜二四七頁）。明治六年四月一五日付島津復生宛書簡で福澤は「中津の学校も依然たるよし。何卒静にして独立の本趣意を持張いたし度、官の学校〔西御門皇学校と進脩館は合併して、小倉県の第一六番中学校、通称片端中学校となっていた〕えカラカウ抔、以の外の義、万々一も左様の気振無之様御注意奉願候」（『書簡集』第一巻二六一頁）と他校生徒を挑発しないよう注意してくれるよう依頼している。

73 『書簡集』第二巻、一〇〇〜一〇二頁

74 市校事務委員集会の第一回明治一二年一二月一〇日から明治一六年一月二四日までの東京における会合の記録が「市校事務委員集会録事」と題されて残っている。原文は『近代日本研究』第一六号掲載。残念ながら現在原本は所在不明になっており、写真複写版を慶應義塾福沢研究センターや福沢記念館などが所蔵している。最終記事の日付は明治十六年四月十七日で「以下別冊第二号□続く」とあるが、第二号は複写物も確認されていない。

75 前掲拙稿「中津市学校に関する考察」一〇七〜一三六頁

76 氏家麻夫『最初に株式会社を創った人たち　二本松製糸会社在勤中我輩見聞丈之日誌』日本労働研究機構、一九九三年。一〇一頁

77 『全集』一九巻、三五〇頁

78 群馬県立文書館蔵「速水堅曹履歴自記抜粋」

79 松浦利隆『在来技術改良の支えた近代化　富岡製糸場のパラドックスを超えて』岩田書院、二〇〇六年、二一七〜四四頁

80 拙稿「中津出身者宛小幡篤次郎書簡」『近代日本研究』第二一巻、二〇〇五年、一一一～一一六、一二四～一二七頁。四月一九日付山口広江宛では、桑苗を中津に送付したことが述べられ、福島からの桑苗の購入については、他に一六年四月八日付斎藤武七宛桃井与右衛門差出桑苗代受取書、一〇日付渡辺平五郎宛斎藤武七差出桑苗運送費受取書、同日付同人宛芳賀甚七差出桑苗代受取書、同日付小幡篤次郎宛渡辺平五郎差出桑苗送り状、二四日付山口広江宛小川弥吉桑苗送り状など一連の資料が残されている。

81 当初は週一回毎月曜日の発刊で、明治一一年七月一二日付第八六号から三日置きで月一〇回の発刊をめざし、同年九月七日付一〇二号からは月六回（二および七の日）、翌年七月ごろからは週二回月八回（水・土）が目安となったが、明治一四年六月一一日発行の第三〇七号で廃刊となった。後継紙として明治一四年一一月二四日付で『田舎新報』が創刊され、一八年一二月三〇日付の第四〇八号で廃刊となった。野田秋生『豊前中津『田舎新聞』『田舎新報』の研究　明治十年代一地方紙の初志と現実』エヌワイ企画、二〇〇六年、一六～二三、三六～三七、四〇頁

82 野田前掲書、三三、九七～九八頁

83 『著作集』第六巻、一一二～一一六、一四六頁

84 松浦前掲書、一四〇頁。福島県地域以外への普及は、あまり行われなかったという。『大分県蚕糸業史』（大分県養蚕販売農業協同組合連合会編・発行、一九六八年、三一六頁）によれば、鈴木せん、小幡とめの二名である。

85 『書簡集』第五巻、八四～八五頁

86 三木作次郎編・発行『旧中津藩士族死亡弔慰資金要覧天保義社及中津銀行の由来　奥平家の系譜と藩士の現状』一九二七年

87 拙稿「天保義社に関わる新収福澤書翰」『近代日本研究』第一三巻、一九九七年

88 村上医家史料館蔵。福澤が逸見に送付した文書を鈴木が借りて写し、それに関するコメントを付している。

89 『著作集』第一〇巻、一四八頁

90 『女性と家族　近代化の実像』読売新聞社、一九九五年、七六頁。『日本教育資料八』（文部省、一九〇四年再版）私塾寺子屋表による。

91 『学制百年史　資料編』文部省、一九七二年、四七一頁

92 「19世紀江戸・東京の髪結と女髪結」吉田伸之編『パリと江戸　伝統都市の比較史へ』山川出版社、二〇〇九年

93 前掲拙著五三～五四頁。東京都公文書館「回議録　第三類　産婆」

94 前掲『大分県史　近代篇Ⅰ』三一七、三八三頁。大分県秘書公聴課編『大分県の産業先覚者』大分県、一九七〇年、六四頁

95 『書簡集』第三巻、五四、六〇～六一頁

96 明治一六年一二月一一日付福澤一太郎・捨次郎宛書簡。『書簡集』第四巻、五〇頁

97 別冊一九（五）（藤原正人編・発行、明治文献資料刊行会、一九六七年、一二一頁）による。操業はおおむね六月から一〇月とあり、女工は「皆士族ノ婦女子」とあるが、富岡製糸場の伝習工女が含まれているのかは、まだわからない。

98 前掲『大分県史 近代篇Ⅰ』、三八五頁

99 今永正樹編『ふるさとの思い出 写真集 明治・大正・昭和 中津』国書刊行会、一九七九年、三六頁

100 高村直助『明治経済史再考』ミネルヴァ書房、二〇〇六年、二一六〜二一七頁

101 松浦前掲書、一三五頁

102 中岡哲郎『日本近代技術の形成 〈伝統〉と〈近代〉のダイナミクス』朝日新聞社、二〇〇六年、四〇八頁。田村均『ファッションの社会経済史 在来織物業の技術革新と流行市場』日本経済評論社、二〇〇八年

103 東條由紀彦『近代・労働・市民社会 近代日本の歴史認識Ⅰ』ミネルヴァ書房、二〇〇五年、一九八頁

104 前掲注33

105 福澤は『実業論』のなかで、労働コストの低さが先進国の製品と比べて日本製のメリットであると主張している。後掲第四章注57

106 『著作集』第一〇巻、一二〇〜一二一頁

107 同上、二九七頁

108 『著作集』第一一巻、九〇頁、第一〇巻、二九〇頁

109 『著作集』第七巻、一三〇頁

110 『著作集』第三巻、八頁

第四章

1 『著作集』第一巻、八六、九二頁

2 『著作集』第四巻、五八頁

3 『全集』第二〇巻一二八頁。

4 『著作集』第三巻、九六、九八〜九九頁

5 同上、一九六頁

6 『交詢社百年史』交詢社、一九八三年、二〇〜二三頁

7 同上、五五〜五六頁

8 宮地正人『幕末維新期の社会的政治史研究』岩波書店、一九九九年。岩下哲典『江戸情報論』北樹出版、二〇〇〇年。同『幕末日本の情報活動 開国の情報史』改訂増補版、雄山閣、二〇〇八年

9 岩田みゆき「幕末の対外情報と在地社会 「風説留」から見る」『講座明治維新』第一巻、有志舎、二〇一〇年

10 アンウォールソール『たをやめと明治維新 松尾多勢子の反伝記的生涯』（ぺりかん社、二〇〇五年）は、松尾多勢子をめぐる平田国学者のネットワークや、和歌の会を通

じたネットワークの広がりについて詳細に考察している。

11 『著作集』第一二巻、一五四頁

12 慶應義塾・神奈川県立歴史博物館編集発行『福澤諭吉と神奈川　すべては横浜にはじまる』、二〇〇九年、四六頁

13 前掲『交詢社百年史』二二、二四頁

14 同上、六〇頁。また同頁には、次のような身分の割合も示されている。業種も多彩であることが知れる。

官吏　三七一名
学者　三六五名　内教員一四九名、医師七三名、新聞記者四九名、教導職一一名
商　二八一名　内銀行役員六〇名
農　一二三名
工　一二名
華族　二一名
府県会議員　一五名　職業未詳者　五七九名

15 同上、七七～七八頁

16 拙稿「「民間雑誌」編集長中上川彦次郎の書翰について」『近代日本研究』第一二巻、一九九六年

17 『書簡集』第二巻、二二八頁

18 前掲『交詢社百年史』一六頁

19 二一通すべて、『書簡集』第二巻に収録されている。詳細は『交詢社百年史』三六頁。但しここに掲載されているのは勧誘や創立業務にかかわる一七通で、ほかに七月三一日付阿部泰蔵宛、同日付森下岩楠宛、八月一五日付猪飼麻次郎宛、八月二八日付奥平毎次郎宛。

20 川崎勝・寺崎修『書簡集』第二巻解説、四一九～四二〇頁

21 『書簡集』第二巻、二五六～二五七頁

22 前掲『交詢社百年史』、二九頁

23 『書簡集』第二巻、二三七、二四二、二五一頁

24 前掲『交詢社百年史』五五頁

25 前述のように東京の会員は約三六％に過ぎず、会員は全国に広がっていた。そのため東京での演説会開催とともに、一三年から一五年には、地方に演説会開催のための巡回委員を派遣した。正式には九回、準ずるものをあわせれば一二回行われ、第一回の波多野承五郎、猪飼麻次郎による北関東北陸一帯の巡回については『交詢社北陸巡回日誌』が残されている。また函館交詢会、三河交詢会、中津交詢会、水戸交詢社員懇親会、秋田交詢社員懇親会など、各地で「交詢会」や「懇親会」が開催された。一四年四月には、社則の改正で支社に関する規程が追加され、兵神、常南、鹿児島、西播、北阪、浜松、知多碧海、関西の各支社が設けられた（前掲『交詢社百年史』一三六～一六〇頁）。

26 『著作集』第一〇巻、二一～三頁。『著作集』第三巻、八八～九〇頁

27 第四条が社員に関する規程で、入会には社員二名以上の

紹介が必要である。常議員の衆議によって入会が許可されることなど六項目が定められているが、性別の規程はない。前掲『交詢社百年史』二五～二六頁

28　初等教育課程には、福澤の娘たちなど若干の女子学生もいた。拙稿「慶應義塾における女子教育」『近代日本研究』第二四巻（二〇〇八年）一八八～一九三頁

29　青木美智子「近世村社会における女性の村政参加と「村自治」　村役人選定のための寄合・入札を中心に」『総合女性史研究』第二八号、二〇一一年、五七～八〇頁

30　明治一三年の高知上街町会規則と小高坂村会規則の一部例外はある。

31　明治一九年五月二日付福澤一太郎宛書簡。『書簡集』第五巻、五九頁

32　『著作集』第一〇巻、七〇、九三、一二〇頁

33　『著作集』第一〇巻、一二〇、一三四～一三五頁

34　前掲拙著、一一〇～一一三頁

35　『書簡集』第五巻、五九頁

36　明治二九年九月七日付茶話会招待状。『書簡集』第八巻、二一〇頁

37　年未詳一〇月二八日付真浄寺宛書簡。『書簡集』第九巻、一二九～一三一頁

38　いずれも一月一一日付。『書簡集』第八巻、一三七、一三九頁

39　小室正紀「集会論」『福澤諭吉事典』、慶應義塾、二〇一〇年、三二六～三二七頁。小室正紀・松崎欣一『書簡集』第八巻解説、四〇八頁

40　『著作集』第一〇巻、一四三頁

41　同上、一四〇～一四五頁

42　同上、一五二頁

43　同上、一三九頁

44　福澤錦や娘たちの書いたものは、あまり明らかになっていない。錦の書簡で活字になっているものは、『全集』に収録された息子宛のものである。『福澤関係文書』ではF9に何点か収録されている。

45　志立の履歴については前掲『福澤諭吉事典』五〇四頁、今泉については前掲拙著五三～五四頁。

46　松尾多勢子については、アン・ウォルソール著、菅原和子・田崎公司・高橋彩訳『たをやめと明治維新　松尾多勢子の反伝記的生涯』ぺりかん社、二〇〇五年、一九四頁。津田初の書簡は五月五日付。『婦人新報』二八八号（大正一〇年九月発行）に掲載されているもので、誌上では明治二二、三年と推定されているが、子どもの世話に追われて「残念ながらお断り申上候」を文意のままとれば、もう少し前の書簡かと思われる。津田初は梅子の母。『近代日本研究』第二一巻、二〇〇五年、二八六～二八七頁

47　『書簡集』第五巻、五六～五七頁

48 『福澤関係文書』F8—B

49 『書簡集』第六巻、三七二頁、第八巻、二二〇頁。但し、娘夫婦に宛てたものは「桃介様おふさ様」「邦之助様お俊様」のように書かれている。

50 茶話会の招待状は、以下のように諭吉と錦の名前で出されている。『書簡集』第九巻、五二頁

薄暑の節益御清祥奉賀候。扨広尾別荘の菖蒲満開、御一覧に供度、旁来十日（日曜）午後一時より同所に於て茶話会相催候間、御都合次第御来遊被遊成下度、右御案内迄、匆々敬具。

明治卅三年六月六日　福澤諭吉
同　きん

笠原恵様

51 『著作集』第三巻、六頁。『著作集』第九巻、二一〜三〇頁

52 『著作集』第三巻、六頁

53 日原昌造宛福澤諭吉書簡、明治三〇年八月六日付『書簡集』第八巻三二八頁

54 『著作集』第九巻、三〇頁

55 最も古い『人事興信録』は明治三六年刊行のもので、試算によると、妻の出自が記載されている登載者の約六〇・五%が華士族である。当時の調査で総人口あたりの士族出身者が約四・六%であることや、福澤のように意識的に商あるいは平民と名乗る人物もいることを考えると、非常に高い割合で、固定化しているといえる。

56 前掲河北論文

57 前掲『福澤諭吉選集』第九巻、一〇五、一一四、一一八頁。『著作集』第六巻、三三五頁

第五章

1 『著作集』第一〇巻、八頁、『福澤諭吉年鑑』四、福澤諭吉協会、一九七七年、六〜九頁、『著作集』第三巻、六〜八頁

2 『全集』第一九巻、三八六〜三八八頁

3 『全集』第二〇巻、七七〜八〇頁。田村貞雄校注『初代山口県令中野梧一日記』マツノ書店、一九九五年、一五六頁

4 網羅的な研究書は、坂本清泉・坂本智恵子『近代女子教育の成立と女紅場』あゆみ出版、一九八三年。水野真知子『高等女学校の研究（上）　女子教育改革史の視座から』野間教育研究所、二〇〇九年

5 明治六年四月一五日付島津復生宛書簡。『書簡集』第一巻、二六一頁

6 九鬼隆義・白洲退蔵宛。同上、二七七頁

7 『全集』別巻、一二一〜一三五頁

8 Hoar to Bullock 7. October. 1876、白井堯子『福澤諭吉と宣教師たち　知られざる明治期の日英関係』一四七頁

9　同上 Hoar to Bullock 9. February. 1876　一四五頁、Shaw to Bullock 19. June. 1876　一四五～六頁、Hutchins to Bullock 4. October. 1876　一四七頁。
10　同上 Hore to Bullock 19. June 1876　一四七頁
11　同上 Hore to Bullock 30. April 1877　一五〇頁
12　『著作集』第六巻、一一五頁。第一〇巻、三四五頁
13　大阪市浦出卓郎氏のご教示による。
14　吉田小五郎『幼稚舎の歴史』慶應義塾幼稚舎、一九八四年、二三頁
15　『書簡集』第三巻、五九頁
16　慶應義塾福澤研究センター資料九『慶應義塾社中之約束』（影印版）慶應義塾福澤研究センター、二〇〇四年五三～五四頁。『父諭吉を語る』福澤先生研究会、一九五八年、一二五頁
17　八月九日付浜野定四郎・益田英次宛。『書簡集』第六巻、四八～四九頁
18　明治二二、三年ごろ四月二一日付益田英次宛。『書簡集』第六巻、二七一～二七四頁
19　残存している一四、五年後の明治三六年の給与表と比べても、一〇〇円を超える者は四六名中六名にすぎず、かなり高額である。『福澤関係文書』補遺 K1-F31-01
20　ファーロットについては、慶應義塾から東京府知事高崎五六にあてた任用願は、明治一九年一二月二四日付で英語教授のための雇い入れとなっており、そのころから慶應義塾で教鞭をとっていた。都史紀要一〇『東京の大学』（東京都公文書館、一九九二年）五四～五五頁。『書簡集』第六巻、二七一～二七四、二七六～二七七、二七九～二八〇、二九四～二九五、二九六、三一五、三一八～三一九、三三一、三三三～三三四頁
21　『著作集』第一一巻、九〇～九二頁
22　『著作集』第三巻、一二七頁
23　『著作集』第一〇巻、五九頁
24　『著作集』第一〇巻、三〇八～三〇九、八九、三三三頁
25　同上、二二、二〇、一九頁
26　同上、一四、一五、二二、二〇頁
27　同上、六一、三三〇頁
28　同上、二一頁
29　『書簡集』第一巻、一六一～一六二頁
30　『著作集』第一〇巻、一四三頁
31　深谷昌志『良妻賢母主義の教育』黎明書房、一九九八年、八一頁
32　松平直亮著『泊翁西村茂樹伝』上巻、日本弘道会、一九三八年、七八九～八〇五頁
33　『著作集』第一〇巻、二一頁
34　アン・ウォルソール前掲書、一九四頁
35　『女学雑誌』第二七六号、明治二四年八月一日発兌。前

掲拙著第九章

36　深谷前掲書一四三～一四五頁

37　東亜協会編『女大学の研究』弘道館、一九一〇年、一三〇、一五九、一〇一、一九頁

38　一条忠衛『婦人問題より観たる女大学批評』大同館書店、一九一八年、二～三、二二六頁。本間久雄『現代之婦人問題』天佑社、一九一九年

第六章

1　明治三二年四月一四日付『時事新報』「福澤先生の女学論発表の次第」。『著作集』第一〇巻、三三七頁

2　『著作集』第一〇巻七四、一八七頁ほか。

3　同上、二六一～二六二頁「女大学評論」のなかで取り上げているが、福澤はあやまって八一二条と書いている。

4　同上、四六頁

5　同上、四七頁

6　小室正紀編『近代日本と福澤諭吉』慶應義塾大学出版会、二〇一三年、二〇六～二〇七頁

7　同上二一一頁。岩谷氏は、開校式の式辞は、明治一八年一〇月一五日付の『明法志林』第一〇五号に掲載された福澤の「語り調」をそのまま復元したものと、同年九月二二日付『時事新報』に掲載された「文語調の格調高い文体」のものを紹介している。ここで引用したものは、前者である

8　前掲『近代日本と福澤諭吉』二一一～二一三頁

9　『著作集』第一〇巻、二五五、三〇九頁。「新女大学」のなかで、女性にとって経済と法律は「文明女子の懐剣」になると述べている。

10　『著作集』第六巻、一九～二〇頁

11　『著作集』第一〇巻、四六頁

12　同上、八二、一二四頁

13　坂井博美『「愛の争闘」のジェンダー力学　岩野清と泡鳴の同棲・訴訟・思想』ぺりかん社、二〇一二年。遠藤は、愛なき同居について批判も受けることになる。

14　『著作集』第四巻、六二頁

15　『著作集』第一〇巻、一九〇頁

16　『著作集』第一一巻、二九七頁

17　「福澤諭吉と明治国家」『日本思想史講座4　近代』、ぺりかん社、二〇一三年、七〇頁

18　『著作集』第一〇巻、三〇六頁

19　『全集』第二一巻、三五四頁

20　本書第二章第四節（四）

21　『著作集』第一〇巻、二九一頁

22　『著作集』第六巻、一一六頁。第一〇巻、二九一頁

23　吉田熊次前掲書、三八五～三九〇頁

24　『著作集』第一〇巻、四三～四四頁

25 前者が明治一八年一〇月二日付、後者が二〇年六月日未詳でいずれも福澤一太郎宛。『書簡集』第四巻、三〇七頁、第五巻二二〇頁
26 明治二二年一一月七日付近藤良薫宛。『書簡集』第六巻、一八九頁
27 『著作集』第一〇巻、一七、八九、三三三～三三四頁。
28 同上、八八頁
29 同上、八七頁
30 『著作集』第五巻、三四〇頁。第三章第一節（一）
31 『著作集』第一〇巻、三一二頁
32 西川俊作・山根秋乃「塚本定次　変換期の近江商人」『近代日本研究』第一二巻、一九九六年、一一六～一一七頁
33 『書簡集』第二巻、三六六～三六八頁
34 『全集』第二〇巻、二七六～二七八頁
35 「文明男女の交際」「無限の妙処」は『男女交際論』『著作集』第一〇巻、一三四頁。男女交際論については前掲拙著第一章五および第五章
36 『著作集』第七巻、一四四～一四五頁
37 『著作集』第一〇巻、二二一、九五頁
38 同上、九三頁。国会については『国会の前途・国会難局の由来・治安小言・地租論』など。
39 前掲拙稿「小幡篤次郎考Ⅲ」、一六三頁
40 同上、一五四～一五五頁。原典は『慶應義塾学報』三六、明治三四年二月、四頁
41 『著作集』第一〇巻、四四～四五、八九頁
42 前掲拙稿「小幡篤次郎考Ⅲ」一六六、一五五頁
43 山田昌弘『近代家族のゆくえ　家族と愛情のパラドックス』新曜社、二〇〇五年（八刷）、四四～四七、五五～五七頁
44 平生釟三郎日記編集委員会編『平生釟三郎日記』第八巻、甲南学園、一九九六年、一四七頁
45 西川俊作・西澤直子『ふだん着の福澤諭吉』慶應義塾大学出版会、一九九八年、一二頁
46 『著作集』第九巻、一六八、一七一頁
47 同上、一七七、一九二、一九七頁
48 同上、二五六～二五七頁
49 同上、二三九～二四〇頁
50 同上、二四九頁
51 クレイグ前掲書、九五頁
52 依田精一「日本ファシズムと家族制度」『思想の科学』七巻一四号、一九八二年、一五〇、一七二頁
53 明治十二年一月二五日慶應義塾新年発会之記」『福澤文集二編巻二』『全集』第四巻、五三五頁
54 前掲拙稿「小幡篤次郎考Ⅲ」一五四頁
55 「小幡先生令嬢との対話（その二）エピメーテウス（一

五二)」『三田評論』七六七号、一九七七年、六一頁
56 『著作集』第一〇巻、一五三頁
57 「新入生に告ぐ」『慶應義塾学報』第四四号、一九〇一年九月、六～九頁

おわりに

1 『著作集』第一一巻、六〇頁
2 同上、五三～五五頁
3 『著作集』第一〇巻、一七三、二一八～二一九頁
4 前掲『女子教育』三九〇頁

参考文献

福澤諭吉および慶應義塾関係

『福澤全集』全五巻、時事新報社、一八九八年

『福澤諭吉全集』全二一巻および別巻、岩波書店、一九五八～六四年（再版一九六九～七一年）

『慶應義塾百年史』全六巻　慶應義塾、一九五八～六九年

福澤先生研究会編『父諭吉を語る』、一九五八年

『福澤関係文書』全二四〇リール、雄松堂フィルム出版　一九八九～一九九八年

西川俊作・西澤直子編『ふだん着の福澤諭吉』慶應義塾大学出版会　一九九八年

『世紀をつらぬく福澤諭吉展　没後一〇〇年記念』図録、慶應義塾、二〇〇一年

『福澤諭吉書簡集』全九巻、岩波書店、二〇〇一～三年

『福澤諭吉著作集』全一二巻、慶應義塾大学出版会、二〇〇二～三年

編集委員　飯田泰三　川崎勝　小室正紀　坂井達朗　寺崎修　西川俊作　西澤直子　松崎欣一

慶應義塾福澤研究センター資料（九）『慶應義塾社中之約束』（影印版　解題　米山光儀）、二〇〇四年

慶應義塾福澤研究センター資料（一〇）『福澤諭吉書簡総目録』、二〇〇五年

中村仙一郎著・中村文夫編『聞き書き・福澤諭吉の思い出　長女・里が語った、父の一面』近代文芸社、二〇〇六年、
『慶應義塾史事典』慶應義塾、二〇〇八年
　編集委員　岩崎弘　岩谷十郎　牛島利明　小室正紀　酒井明夫　寺崎修　都倉武之　西澤直子
　　平野隆　山内慶太　米山光儀
『未来をひらく福澤諭吉展』図録、慶應義塾、二〇〇九年
『福澤諭吉と神奈川　すべては横浜にはじまる』図録、慶應義塾・神奈川県立歴史博物館、二〇〇九年
『福澤諭吉事典』慶應義塾、二〇一〇年
　編集委員　大塚彰　小川原正道　小室正紀　高木不二　寺崎修　都倉武之　西澤直子　日朝秀宜
　　松崎欣一　米山光儀
『新日本古典文学大系　明治編　福澤諭吉集』（校注　松沢弘陽）岩波書店、二〇一一年
小室正紀編『近代日本と福澤諭吉』慶應義塾大学出版会、二〇一三年

単行本

赤松文二郎編『郡誌後材　扇城異聞』中津小幡記念図書館、一九三二年
安西敏三『福澤諭吉と自由主義　個人・自治・国体』慶應義塾大学出版会　二〇〇七年
阿部恒久・大日方純夫・天野正子編『男性史』日本経済評論社、二〇〇六年
フィリップ・アリエス、杉山光信・杉山恵美子訳『〈子供〉の誕生　アンシャン・レジーム期の子供と家族生活』みすず書房、一九八〇年

五百旗頭薫『条約改正史　法権回復への展望とナショナリズム』有斐閣、二〇一〇年
石河幹明『福澤諭吉伝』全四巻、岩波書店、一九八一年（初出一九三二年）
一条忠衛『婦人問題より観たる女大学批評』大同館書店、一九一八年
伊藤正雄編『明治人の観た福澤諭吉』慶應義塾大学出版会、二〇〇九年
犬塚孝明『若き森有礼　東と西の狭間で』発行鹿児島テレビ・発売星雲社、一九八三年
今永正樹編『ふるさとの思い出　写真集　明治・大正・昭和　中津』国書刊行会、一九七九年
岩下哲典『江戸情報論』北樹出版、二〇〇〇年
――『幕末日本の情報活動　開国の情報史』改訂増補版、雄山閣。二〇〇八年
アン・ウォルソール、菅原和子・田崎公司・高橋彩訳『たをやめと明治維新　松尾多勢子の反伝記的生涯』ぺりかん社、二〇〇五年
遠藤正敬『戸籍と国籍の近現代史　民族・血統・日本人』明石書店、二〇一三年
大分県総務部総務課編『大分県史　近代篇I』大分県、一九八四年
大分県秘書公聴課編『大分県の産業先覚者』大分県、一九七〇年
大分県養蚕販売農業協同組合連合会編・発行『大分県蚕糸業史』、一九六八年
大内兵衛・土屋喬雄編『明治前期財政経済史料集成』第九巻　改造社、一九三三年
大江スミ子『女房説法鉄砲　三ぼう主義』宝文館、一九一七年（増補再版）
大木基子『自由民権運動と女性』ドメス出版、二〇〇三年
大口勇次郎『女性のいる近世』勁草書房、一九九五年
大竹秀男『「家」と女性の歴史』弘文堂、一九七七年
ラザフォード・オールコック、山口光朔訳『大君の都　幕末日本滞在記』岩波文庫、一九六二年

小川原正道『福澤諭吉の政治思想』慶應義塾大学出版会、二〇一二年
落合恵美子『近代家族とフェミニズム』勁草書房、一九八九年
加藤秀一『〈恋愛結婚〉は何をもたらしたか　性道徳と優生思想の百年間』ちくま新書四八七、二〇〇四年
金子幸子『近代日本女性論の系譜』不二出版、一九九九年
金子しげり『婦人問題の知識』『近代婦人問題名著選集』第九巻、日本図書センター、一九八二年（初出一九三四年）
久米邦武、田中彰校注『特命全権大使米欧回覧実記』全三巻、岩波書店、一九八五年
久米邦武『久米博士九十年回顧録』復刻版、上・下巻、宗高書房、一九八五年（初出一九三四年）
アルバート・M・クレイグ、足立康・梅津順一訳『文明と啓蒙　初期福澤諭吉の思想』慶應義塾大学出版会、二〇〇九年
黒屋直房『中津藩史』復刻版、国書刊行会、一九八七年（初出一九四〇年）
交詢社『交詢社百年史』一九八三年
小山静子『良妻賢母という規範』頸草書房、一九九一年
――『家庭の生成と女性の国民化』頸草書房、一九九九年
坂井博美『「愛の争闘」のジェンダー力学　岩野清と泡鳴の同棲・訴訟・思想』ぺりかん社、二〇一二年
坂本清泉・坂本智恵子『近代女子教育と女紅場』あゆみ出版、一九八三年
沢山美果子『近代家族と子育て』吉川弘文館、二〇一三年
重野安繹『教育勅語衍義』東京・小林喜右衛門、一八九二年
篠塚英子『女性と家族　近代化の実像』二〇世紀の日本（八）、読売新聞社、一九九五年

故下田校長先生伝記編纂所編『伝記叢書66　下田歌子先生伝』復刻版、大空社、一九八九年（初出一九四三年）
下山三郎『近代天皇制研究序説』岩波書店、一九七六年
白井堯子『福澤諭吉と宣教師たち　知られざる明治期の日英関係』未来社、一九九九年
人事興信所『人事興信録』一九〇三年
鈴木しづ子『『男女同権論』の男　深間内基と自由民権の時代』日本経済評論社、二〇〇七年
鈴木よね子校訂『只野真葛集』叢書江戸文庫三〇、国書刊行会、一九九四年
『大日本貨幣史』大蔵省、一八七七年・一八七八年
高村直助『明治経済史再考』ミネルヴァ書房、二〇〇六年
田中彰『岩倉使節団の歴史的研究』岩波書店、二〇〇二年
――『近代日本の歩んだ道　「大国主義」から「小国主義」へ』人文書館、二〇〇五年
田中彰・高田誠二『『米欧回覧実記』の学際的研究』北海道大学図書刊行会、一九九三年
玉川寛治『製糸工女と富国強兵の時代　生糸がささえた日本資本主義』新日本出版社、二〇〇二年
田村貞雄校注『初代山口県令　中野梧一日記』マツノ書店、一九九五年
田村均『ファッションの社会経済史　在来織物業の技術革新と流行市場』日本経済評論社、二〇〇四年
陳姃湲『東アジアの良妻賢母論　創られた伝統』勁草書房、二〇〇六年
妻木忠太編『木戸孝允日記』全三巻、日本史籍協會、一九三二～一九三三年
寺崎修編『福澤諭吉の思想と近代化構想』慶應義塾大学出版会、二〇〇八年
土居光華『文明論女大学』一八七六年
東亜協会『女大学の研究』弘道館、一九一〇年

東京都公文書館『東京の大学』都史紀要一〇、一九六三年
東京都都政史料館『東京の女子教育』都史紀要九、一九六一年
東條由紀彦『近代・労働・市民社会　近代日本の歴史認識Ⅰ』ミネルヴァ書房、二〇〇五年
中岡哲郎『日本近代技術の形成　〈伝統〉と〈近代〉のダイナミクス』朝日新聞社、二〇〇六年
中村敏子『福澤諭吉　文明と社会構想』創文社、二〇〇〇年
中村哲『明治維新の基礎構造　日本資本主義形成の起点』未来社、一九六九年
西川祐子『近代国家と家族モデル』吉川弘文館、二〇〇〇年
西澤直子『福澤諭吉と女性』慶應義塾大学出版会、二〇一一年
西村先生伝記編纂会編『泊翁西村茂樹伝』日本弘道会、一九三三年
沼田哲『元田永孚と明治国家　明治保守主義と儒教的理想主義』吉川弘文館、二〇〇五年
野田秋生『豊前・中津『田舎新聞』『田舎新報』の研究　明治十年代一地方紙の初志と現実』エヌワイ企画、二〇〇六年
イザベラ・バード、金坂清則訳注『完訳日本奥地紀行』東洋文庫八一九、平凡社、二〇一二年
早川紀代『近代天皇制と国民国家　両性関係を軸として』青木書店、二〇〇五年
広池千九郎『中津歴史』上下、防長史料出版社、一九七六年（初出一八九一年）
ひろたまさき『女の老いと男の老い　近代女性のライフサイクル』吉川弘文館、二〇〇五年
深谷昌志『良妻賢母主義の教育』黎明書房、一九九〇年
藤原正人編・発行『明治前期産業発達史資料』別冊一九（五）、一九六七年
本間久雄『現代之婦人問題』天佑社、一九一九年
前田勉『兵学と朱子学・蘭学・国学』平凡社選書二二五、二〇〇六年

牧原憲夫『客分と国民のあいだ　近代民衆の政治意識』吉川弘文館、一九九八年
――『全集日本の歴史一三　文明国をめざして　幕末から明治時代前期』小学館、二〇〇八年
松浦利隆『在来技術改良の支えた近代化　富岡製糸場のパラドックスを超えて』岩田書店、二〇〇六年
松沢弘陽『近代日本の形成と西洋経験』岩波書店、一九九三年
三木作次郎編・発行『旧中津藩士族死亡弔慰資金要覧　天保義社及び中津銀行の由来　奥平家の系譜と藩士の現状』一九二七年
水野真知子『高等女学校の研究　女子教育改革史の視座から』上・下　野間教育研究所、二〇〇九年
宮地正人『幕末維新期の文化と情報』名著刊行会、一九九四年
――『幕末維新期の社会的政治史研究』岩波書店、一九九九年
三好信浩『日本の女性と産業教育　近代産業社会における女性の役割』東信堂、二〇〇〇年
牟田和恵『戦略としての家族　近代日本の国民国家形成と女性』新曜社、一九九六年
――『ジェンダー家族を超えて　近現代の生/性の政治とフェミニズム』新曜社、二〇〇六年
村上一博『明治離婚裁判史論』法律文化社、一九九七年（二刷）
E・S・モース、石川欣一訳『日本その日その日』東洋文庫一七九、平凡社、一九七八年
文部省『学制百年史　資料編』ぎょうせい、一九七二年
柳谷慶子『近世の女性相続と介護』吉川弘文館　二〇〇七年
山川菊栄『山川菊栄集9　おんな二代の記』岩波書店、一九八二年（初出一九五六年）
山田昌弘『近代家族のゆくえ　家族と愛情のパラドックス』新曜社、一九九四年
山室信一・中野目徹校注『明六雑誌』岩波書店、一九九九～二〇〇九年
吉田熊次『女子研究』同文館、一九一一年

吉田小五郎『幼稚舎の歴史』慶應義塾幼稚舎、一九八四年
和田英　復刻版『富岡日記　一九〇七～一三年』みすず書房、二〇一一年
渡辺幾治郎『教育勅語の本義と渙発の由来』藤井書店、一九三九年

論文

青木美智子「近世村社会における女性の村政参加と「村自治」　村役人選定のための寄合・入札を中心に」『総合女性史研究』第二八号、二〇一一年
浅倉有子「武家女性の婚姻に関する統計的研究・試論　『寛政重修諸家譜』を素材として」近世女性史研究会編『江戸時代の女性たち』吉川弘文館、一九九〇年
石崎昇子「第四章　近代　都市家庭の形成と結婚観の変化」『歴史のなかの家族と結婚　ジェンダーの視点から』森話社、二〇一一年
井戸田博史「法的家族像と家族法制」『日本家族史論集3　家族と国家』吉川弘文館、二〇〇二年（初出一九九二年）
岩田英一郎「中津地方に於ける養蚕業の発達」『中津史談』第一巻第一号、中津史談会、一九三八年
――「中津に於ける衣料産業の研究」『中津史談』第一巻第二号、中津史談会、一九三九年
岩田みゆき「幕末の対外情報と在地社会　「風説留」から見る」『講座明治維新1　世界史のなかの明治維新』有志舎、二〇一〇年
上野大輔「近世後期における真宗信仰と通俗道徳」『史学』第八二巻第一・二号、二〇一三年
宇野文重「明治民法起草委員の「家」と戸主権理解　富井と梅の「親族編」の議論から」『法政研究』第

七四巻第三号、二〇〇九年
奥村弘「近代地方権力と「国民」の形成　明治初年の「公論」を中心に」『歴史学研究』第六三八号、一九九二年
今井幹夫「富岡製糸場の経営実態とその影響力　特に官営期の経営を通して」『群馬文化』二八八号、二〇〇六年
鹿野政直「解説」『福澤諭吉選集　第九巻』岩波書店、一九八一年
鎌田栄吉「新入生に告ぐ」『慶應義塾学報』第四四号、一九〇一年
川上勉「幕末・明治期における近代的知識人の生成　福澤諭吉の外国体験」『幕末・明治期の国民国家形成と文化変容』人文書院、一九九五年
河北展生「中津藩縁辺事件に関する二三の資料」『史学』第五二巻一号、一九八二年
菅野聡美「近代日本の二重規範　性と家族をめぐる諸相」『法学研究』第六七巻第一二号、一九九四年
アルバート・M・クレイグ、西川俊作訳「ジョン・ヒル・バートンと福澤諭吉」『福澤諭吉年鑑』一一、一九八四年
小林忠正「名の法をめぐる民法草案と全国惣体戸籍法の対峙　明治六年小野組転籍事件をとおして」『日本法学』第七八巻第一号、二〇一二年
進藤咲子「福澤諭吉の「日本婦人論」と「日本婦人論後編」との文章」『福澤諭吉年鑑』第一一号、一九八四年
菅野則子「「女大学」考」『女大学資料集成　別巻』大空社、二〇〇六年
曽根ひろみ「慣行と法を破る性　「無法恋慕」と密通」二〇一二年総合女性史研究会大会報告『総合女性史研究』第三一号、二〇一四年

宋恵敬「文明開化期「男女交際論」の受容と展開　『頴才新誌』の「男女交際」に関する論争を中心に」『総合女性史研究』第二七号、二〇一〇年
高木俊輔「草莽の女性」女性史総合研究会編『日本女性史　第3巻近世』東京大学出版会、一九八二年
高橋誠一郎「小幡先生令嬢との対話（その二）　エピーメテウス（一五二）」『三田評論』七六七号、一九七七年
田﨑公司「婦人束髪運動の展開　渡部鼎とその時代（その1）」『福大史学』四六・四七合併号、一九八九年
利谷信義「明治民法における「家」と相続」『日本家族史論集9　相続と家産』吉川弘文館、二〇〇三年
長島淳子「第三章　近世　嫁入り婚と小家族の展開」『歴史のなかの家族と結婚　ジェンダーの視点から』森話社、二〇一一年
中野目徹「明六社と『明六雑誌』」『明六雑誌』（上）岩波文庫、一九九九年
中村敏子「家父長制からみた明治民法体制　近代化過程における婚姻関係」『北海学園大学法学研究』第四五巻第一号、二〇〇九年
西川俊作・山根秋乃「塚本定次　変換期の近江商人」『近代日本研究』第一二巻、一九九六年
西澤直子「奥平家の資産運用と福澤諭吉　新資料・島津復生宛福澤諭吉書翰を中心として」『近代日本研究』第一一巻、一九九五年
――「九鬼隆義宛未発表書翰をめぐって」『福澤手帖』第八九号、一九九六年
――「「民間雑誌」編集長中上川彦次郎の書翰について」『近代日本研究』第一二巻、一九九六年
――「天保義社に関わる新収福澤書翰（鈴木閒雲宛）」『近代日本研究』第一三巻、一九九七年
――「中津市学校に関する考察」『近代日本研究』一六、一九九九年

――「小幡篤次郎考Ⅲ　「女工場の開業を祝するの文」をめぐって」『近代日本研究』第一九巻、二〇〇三年
――「小田部礼・中上川婉・服部鐘　福澤諭吉の三人の姉」『三田評論』一〇七〇号、二〇〇四年
――「福澤諭吉の近代化構想と女性論」『明治維新と文化』吉川弘文館、二〇〇五年
――「書簡にみる福澤諭吉の「家」意識と近代化構想」『明治国家の政策と思想』吉川弘文館、二〇〇五年
――「中津出身者宛小幡篤次郎書簡」『近代日本研究』第二一巻、二〇〇五年
――「福澤諭吉の『女大学』批判」『女大学資料集成　別巻』大空社、二〇〇六年
――「慶應義塾における女子教育」『近代日本研究』第二四巻　二〇〇八年
早川紀代「文明化のなかの男性・女性、家族・家庭」『男性史I　男たちの近代』日本経済評論社、二〇〇六年
ひろたまさき「福澤諭吉の婦人論にふれて　近代日本女性史研究の若干の問題点」『岡山大学法文学部学術紀要』第三九号、一九七九年
福島正夫・利谷信義「明治前期における戸籍制度の発展」『日本家族史論集3　家族と国家』吉川弘文館、二〇〇二年（初出一九五九年）
ヘレン・ボールハチェット Fukuzawa Yukichi as a Father Translations of Letters Written to His Two Eldest Sons While They Were in the United States, 1883-1888『慶應義塾日吉紀要　英語英米文革』No. 62、二〇一三年
松崎欣一「史料に見る中村諭吉の名と福澤諭吉の家族」『福澤手帖』第二一号、一九七九年
松沢弘陽「さまざまな西洋見聞「夷情探索」から「洋行」へ」『日本思想大系66　西洋見聞集』岩波書店、

一九七四年
松田宏一郎「福澤諭吉と明治国家」『日本思想史講座4　近代』ぺりかん社、二〇一三年
村上一博「明治前期の判決例にみる女性と相続」『講座明治維新9　明治維新と女性』有志舎、二〇一五年（刊行予定）
森安彦「村人の一生」『日本村落史講座7　生活Ⅱ近世』雄山閣、一九九〇年
山本武利「『万朝報』の発展と衰退」『万朝報』解説・解題、日本図書センター、一九八四年
横山百合子「明治初年の士族触頭制と戸籍法　身分法解体の視点から」『論集きんせい』第二四号、二〇〇二年
――「明治維新と近世身分制の解体」歴史学研究会・日本史研究会編『日本史講座第七巻　近世の解体』、二〇〇五年
――「19世紀江戸・東京の髪結と女髪結」吉田伸之編『パリと江戸　伝統都市の比較史へ』山川出版社、二〇〇九年
脇田修「幕藩体制と女性」女性史総合研究会編『日本女性史』第三巻、東京大学出版会、一九八二年

あとがき

現在家族をめぐる問題は、多様であり深刻である。福澤が書くように、家族は無条件に心に安心をもたらすものであってほしい。しかし、実際にはそう簡単にはいかない。「人の苦楽」が「家の苦楽」になることで、苦しみが増す人びとがいる。家族だからという強制力に、追い詰められるのは悲しい。家族はいかなる機能を持つべきなのか。育児書通りに成長する子どもがいないように、それぞれが固有のスタイルをもつはずの家族に、典型的な理想像が描かれてしまうのはなぜなのだろうか。そんなことを考えながら、近代化過程における福澤の議論をまとめたいと思った。個人主義はどのようにして家族主義に内包されるのか。私の力不足で充分に材料を引き出せたとはいえず、依然曖昧模糊としている。これからもより多くの視点を見出しながら、家族について考え続けたいと思う。

今回も前著『福澤諭吉と女性』同様に、これまでに書いたものを利用はしたが、加筆部分の方が多く、また再構成をしたので、はじめにから第三章、第六章からおわりにまでは、初出といえる関係にある論文はない。関連するものは、適宜注に掲げた。第四章は二〇一三年六月八日に上智大学比較文化研究所が主催した「一九世紀日本の女性とネットワーク」で報告し、また報告原稿に加筆して韓国女性史学会の会誌『女性と歴史』第一九集（二〇一三年一二月）に掲載したものが基になっている。第五章は『近代日本研究』第二四巻（二〇〇八年三月）に掲載した「慶應義塾における女子教育」の一部に加筆し、二〇一二年一〇月に北京の社会科学院で行われた中日韓女性問題国際シンポジウムの報告原稿が基である。

今回はいつも以上に原稿を書き進めることができず、慶應義塾大学出版会に多大なご迷惑をお掛けした。傍でみている家族に、締め切りを伸ばす強心臓ぶりを驚かれたが、内心はもう無理だろうと思っていた。原本との引き合わせや索引の点検は、大学時代のゼミの同級生、鈴木久美子さんが手伝ってくれた。私の無茶なお願いを、すぐにしかも丁寧にやってくださって感謝している。また何よりも出版にこぎつけることができたのは、慶應義塾大学出版会の飯田建さんのおかげである。心よりお礼を述べたい。

二〇一四年九月

西澤直子

著者紹介
西澤直子（にしざわ なおこ）
慶應義塾福澤研究センター教授。
1961年生まれ。慶應義塾大学大学院文学研究科修士課程修了。
主要業績に、『福澤諭吉と女性』慶應義塾大学出版会、2011年、『近代日本と福澤諭吉』（共著、小室正紀編）慶應義塾大学出版会、2013年、『ふだん着の福澤諭吉』（西川俊作との共編）慶應義塾大学出版会、1998年、などがある。『福澤諭吉書簡集』（岩波書店、2001〜3年）、『慶應義塾史事典』（慶應義塾、2008年）、『福澤諭吉事典』（慶應義塾、2010年）各編集委員。

福澤諭吉とフリーラヴ

2014年11月10日　初版第1刷発行

著　者————西澤直子
発行者————坂上 弘
発行所————慶應義塾大学出版会株式会社
〒108-8346　東京都港区三田2-19-30
TEL〔編集部〕03-3451-0931
〔営業部〕03-3451-3584〈ご注文〉
〔　〃　〕03-3451-6926
FAX〔営業部〕03-3451-3122
振替　00190-8-155497
http://www.keio-up.co.jp/
装　丁————鈴木 衛［東京図鑑］
印刷・製本——株式会社理想社
カバー印刷——株式会社太平印刷社

Printed in Japan　ISBN 978-4-7664-2116-3

索引

事項

さ行

た行

な行

は行

ま行

人名

か行

さ行

た行

な行

は行

ま行

や行

わ行